넌 이제 야곱이 아니야

넌 이제 야곱이 아니야

지은이 **원 베네딕트**
펴낸이 **임준현**
펴낸곳 **넥서스CROSS**

초판 1쇄 발행 2008년 10월 25일
초판 2쇄 발행 2008년 11월 5일

출판신고 2007년 1월 18일 제311-2007-3호
121-840 서울시 마포구 서교동 394-2
편집 Tel (02)380-3876 Fax (02)380-3884
영업 Tel (02)330-5500 Fax (02)330-5555

ISBN 978-89-93430-00-4 03230

가격은 뒤표지에 있습니다.

잘못 만들어진 책은 바꾸어드립니다.

www.nexusbook.com

너에게 하나님이 하시는

크리스천 청년들을 위한
영적 성장 지침서

원 베네딕트 지음

넥서스CROSS

하나님이 주신 큰 뜻을
다 이루지 못하고 먼저 하나님 나라로 간
남원석 군에게 이 책을 바칩니다.

추천의 말

웃음과 눈물, 감동의 설교

자신만만한 인생을 사는가? 연속되는 실패와 실수로 인하여 삶을 포기하고 있는가? 최선의 삶을 열심히 사는데 아직도 힘겨운가? 가족과 친구, 이웃으로부터 무시당하고 소외되며 버림을 받는다고 느끼는가? 그렇다면 이 책은 바로 당신을 위한 책이다.

누군가 내게 말했다.

"설교는 내용이 있든지, 웃을 것이 있든지, 아니면 짧아야 한다."

원 베네딕트 선교사의 설교는 알찬 내용, 재미있는 웃음, 단순명료함, 이 세 가지가 다 있다. 나는 이 책을 추천하게 된 것을 매우 기쁘게 생각한다.

그는 나사렛 대학교에서 학생들에게 말씀을 전하는데 그

의 말씀을 듣는 학생들은 까르르 웃기도 하고 눈물을 흘리기도 한다. 원 베네딕트 선교사가 만난 하나님은 웃음과 눈물의 하나님이시며, 그 하나님께서 예수님의 십자가와 부활의 은총, 그리고 성령님의 지혜와 능력의 감동으로 학생 한 명 한 명을 직접 만나주시고 만져주시기 때문이다.

모든 문제는 외부가 아닌 내면에 있다. 나와 당신의 내면이 강건해지면 위기는 오히려 기회가 된다. 이 책을 통해 내면이 변화되고 말씀과 기도, 인내, 그리고 믿음의 사람이 되길 바란다. 그리고 하나님이 당신을 사랑하시고 기뻐하신다는 것을 깨닫길 바란다.

임승안(나사렛 대학교 총장)

추천의 말

하나님의 큰 쓰임 받게 하는 희망의 메시지

윈스턴 처칠이 영국을 방문한 젊은 빌리 그레이엄을 보고 "저기 하나님의 진실한 사람이 나가고 있다"라고 말했듯이, 원 베네딕트 선교사는 '이 시대에 하나님이 쓰시는 사람'이다.

그를 만나 얘기를 하고 설교를 듣다 보면 희망이 솟고 생기가 넘친다. 그리고 꿈이 커진다. 순도 100퍼센트로 하나님을 믿게 된다. 그는 열정과 비전, 행동의 사람이 분명하다.

그래서 하나님이 쓰시는 사람으로 값지게 살아가고 있다. 이번에 저자가 해산하게 된 이 책은 야곱에 관한 제삼자의 이야기가 아니라 변화된 야곱의 스토리를 근거로 자신의 인생을 투영한 것이다.

저자는 한 가지를 일목요연하게 강조한다.

'하나님은 어떤 사람을 쓰시는가? 믿음과 비전이 있는 사람을 쓰신다.' '그렇다면 어떻게 해야 믿음과 비전의 사람이 될 수 있는가? 변화를 받아야 한다.'

이것이 야곱의 스토리이다.

하나님은 우리를 쓰시려고 변화를 주도해가신다. 사람은 누구든지 변화될 수 있다. 이것이 하나님의 은혜 공식이다. 하나님은 우리를 당신이 원하는 수준의 작품으로 만드시려고 다양한 훈련을 하신다. 야곱의 인생 그래프를 보면 쉽게 알 수 있다.

문제 많은 야곱이 변하여 이스라엘이 되듯이 당신도 변화될 수 있다. 야곱은 비싼 수업료를 지불하면서 인생의 변화 수업을 받았다. 그래서 결국 이름까지 바뀌는 놀라운 변화를 받았다.

'야곱에서 이스라엘로!'

어쩌면 성경학자 존 칼빈은 야곱을 두고 이렇게 말한 것 같다.

"하나님은 인간을 바꾸시기로 하셨다."

그래서 야곱은 하나님만 붙잡는 믿음의 사람이 되었다.
"하나님만 믿습니다."
우리는 믿음이 올라갈수록 하나님께 크게 쓰임받는다. 이 책이 일관되게 강조하는 희망의 메시지이다.
'당신의 인생 중 가장 탁월한 결정은 하나님을 믿기로 한 것이다.'
하나님은 야곱의 삶을 근거로 당신을 믿음의 사람으로 키우고 훈련하신다. 문제의 사람 야곱이 하나님의 사람 이스라엘로 변화되고 쓰임받듯, 당신도 하나님만 붙잡는 믿음의 사람이 되라. 새로운 지평이 활짝 열릴 것이다.

이 책은 당신에게 무지개 환상을 품게 하고 한 계단씩 믿음의 성숙으로 올라서게 해줄 것이다. 그리고 책의 첫 페이지를 여는 순간 하던 일을 멈추고 당신의 현재 모습을 발견할 것이다. 또한 이미 변화의 계단을 오르고 있을 것이다.

야곱의 하나님을 자기의 도움으로 삼으며 여호와 자기 하나님에게 자기의 소망을 두는 자는 복이 있도다(시 146:5).

조봉희(지구촌교회 부목사)

들어가는 말

믿음으로 변화될 것이다

하나님이 말씀하시기를 말세에 내가 내 영을 모든 육체에 부어 주리니 너희의 자녀들은 예언할 것이요 너희의 젊은이들은 환상을 보고 너희의 늙은이들은 꿈을 꾸리라(행 2:17).

하나님은 우리를 귀하게 쓰시기 위해 꿈을 주시고 환상을 주신다. 또한 우리에게 주신 꿈과 비전을 통하여 그분의 능력을 세상에 보여주기 원하신다. 하나님께 쓰임받는 인생으로 사는 것은 인간이 누릴 수 있는 최고의 복이다.

쓰임받는다는 것은 하나님을 믿고 하나님께서 주신 꿈과 비전을 이루며 살아가는 것이다. 또한 하나님께서 연약하고 부족한 나를 통해 일하시는 것을 보는 것이다.

우리가 "하나님! 저를 쓰세요"라고 기도할 때 그 의미는 부족한 나를 통해 전능하신 하나님의 능력을 보여달라고 구하는 것이다.

하나님께 쓰임받지 못하는 이유는 많이 배우지 못했기 때문이 아니다. 돈이 없고 부족한 것이 많기 때문도 아니다. 단지 하나님을 믿는 믿음이 없기 때문이다.

예배당에 나와서 기도하고 찬양하면서 하나님을 믿는다고 말하는 사람들은 많다. 그러나 하나님을 믿는 것이 아니라 자신의 능력을 믿는 것이다.

그들은 하나님의 능력이 아닌 자신의 성공을 통한 능력을 세상을 보여주기 원하고 하나님의 영광이 아닌 자신의 영광을 구한다. 성공을 위해 다른 사람들과 경쟁하고 싸우며 때로는 속이기까지 한다. 그리고 자신의 성공을 자랑하기 위해 돈과 명예, 학벌에 집착한다.

야곱이 바로 그러한 사람이었다. 한마디로 자기 잘난 맛에 살던 사람이었다. 하지만 하나님은 야곱을 변화시키셨다.

네 이름을 다시는 야곱이라 부를 것이 아니요 이스라엘이라 부를 것이니 이는 네가 하나님과 사람으로 더불어 겨루어 이기었음이니라(창 32:28).

"너는 이제 야곱이 아닌 이스라엘이다"라는 하나님의 선포는 우리 인생을 향한 희망의 메시지다. 하나님은 자신의 머리와 능력을 믿고 살던 연약한 야곱에게 비전을 주셨고 결국 하나님만 붙잡고 사는 이스라엘이 되게 하셨다.

하나님께서 야곱을 변화시키셨던 것처럼 당신과 나도 변화시키셔서 성숙한 하나님의 사람이 되게 하신다. 아브람은 나이가 75세였고 자식이 없는 유목민이었다. 그런 아브람을 하나님께서는 열방을 축복하는 아브라함이 되게 하셨다.

그는 기근이 생길 때 기도하지 않고 애굽으로 식량을 구하러 내려간 사람이었고 자신의 아내를 누이라 속이는 실수를 하는 연약한 사람이었다. 심지어 하나님께서 아들을 주시겠다고 약속했는데도 아내 사라의 말을 듣고 하갈과 동침하여 이스마엘을 낳는다.

연약하고 문제가 있는 사람이었지만 하나님께서는 포기하지 않고 아브람을 훈련시키셔서 결국은 아브라함이 되게 하셨다.

하나님께서는 우리가 믿음의 사람이 되기를 원하신다. 그것이 인생을 잘 사는 최고의 방법이기 때문이다. 그래서 그분은 오늘도 우리를 훈련하신다.

다음 네 가지를 기억하라.

첫째, 하나님께서는 준비된 그릇만 쓰시는 게 아니라 준비가 안 된 그릇도 쓰신다. 그릇은 내가 준비하는 것이 아니라 하나님께서 준비하시는 것이다. 하나님은 우리가 가진 조건을 보지 않으시고 우리의 믿음을 보기 원하신다.

둘째, 하나님께서는 꿈과 비전을 주시고 믿음의 사람으로 훈련시키신다. 준비가 안 된 그릇에게도 꿈과 비전을 주신다. 요셉은 나이 17세에 하나님의 꿈을 꾸었다. 그는 나이도 어리고 성품적으로도 준비가 안 된 사람이었다.

그러나 하나님께서 주신 꿈과 비전은 사람이 이루는 것이 아니라 하나님께서 이루시는 것이다. 반드시 우리를 축복하여 감당할 만한 그릇으로 만드시겠다는 하나님의 약속이기도 하다. 기억하라. 하나님은 위대한 사람에게 꿈을 주시는 것이 아니다. 하나님의 꿈을 가지고 오늘을 사는 사람이 내일 위대한 인생이 된다. 하나님께서는 꿈을 먼저 주시고 훈련을 시키신다.

셋째, 하나님은 예배를 통해 우리의 삶을 변화시키신다. 그래서 우리는 하나님을 예배하면서 하나님을 따라가야 한다. 예배를 통해 하나님의 임재를 경험하고 하나님의 음성을 들어야 한다. 그분은 우리가 세상의 헛된 것들을 따라가며 예배하는 사람이 아니라 하나님만 예배하는 사람이 되기를 원하신다.

넷째, 하나님은 우리가 실수해도 포기하지 않으신다. 실수하면 다시 일으키셔서 걷게 하신다. 성경에 나오는 수많은 사람들이 실수를 경험했다. 아브라함도 야곱도, 그리고 다윗도

그랬다. 그들은 실수했지만 하나님은 실수까지도 사용하셔서 그들을 바꾸시고 위대한 사람이 되게 하셨다. 하나님은 합력하여 선을 이루시는 분이다.

자신의 머리로 살던 야곱을 포기하지 않으시고 결국 하나님과 겨루어 이기는 이스라엘이 되게 하셨다. 마찬가지로 우리의 인생에도 동일한 역사가 일어나게 하신다.

나는 이 책을 읽는 젊은이들에게 말해주고 싶다.

"당신은 반드시 변화된다. 하나님께서 당신을 붙들고 계시기 때문이다."

2008년 가을

원 베네딕트

차례

추천의 말	눈물과 웃음, 믿음의 설교_임승안	_06
	하나님의 큰 쓴임 받게 하는 희망의 메시지_조봉희	_08
들어가는 말	믿음으로 변화될 것이다	_12

chapter 01 변화되어야 할 야곱 _20

네 형의 분노가 풀려 네가 자기에게 행한 것을 잊어버리거든 내가 곧 사람을 보내어 너를 거기서 불러 오리라 어찌 하루에 너희 둘을 잃으랴_창 27:4

chapter 02 라반을 만난 야곱 _54

야곱이 라헬을 위하여 칠 년 동안 라반을 섬겼으나 그를 사랑하는 까닭에 칠 년을 며칠같이 여겼더라_창 29:20

chapter 03
환도뼈가 부러진 야곱 _74

그가 이르되 날이 새려 하니 나로 가게 하라 야곱이 이르되 당신이 내게 축복하지 아니하면 가게 하지 아니하겠나이다_ 창 32:26

chapter 04
벧엘로 돌아간 야곱 _104

네 자손이 땅의 티끌같이 되어 네가 서쪽과 동쪽과 북쪽과 남쪽으로 퍼져 나갈지며 땅의 모든 족속이 너와 네 자손으로 말미암아 복을 받으리라_ 창 28:14

chapter 05
이스라엘로 변화된 야곱 _124

이스라엘이 요셉에게 또 이르되 나는 죽으나 하나님이 너희와 함께 계시사 너희를 인도하여 너희 조상의 땅으로 돌아가게 하시려니와_ 창 48:21

네 형의 분노가 풀려 네가 자기에게 행한 것을
잊어버리거든 내가 곧 사람을 보내어 너를 거기서 불러 오리
라 어찌 하루에 너희 둘을 잃으랴

창 27:4

chapter

01

변화되어야 할

야곱

야곱의 이름은 '발꿈치를 잡는다'는 뜻이다. 그는 쌍둥이 형 '에서'의 발꿈치를 붙잡고 태어났다. 그래서 붙여진 이름이었고 이름처럼 형의 발꿈치를 붙잡고 살았다. 야곱은 형 에서가 가져야 할 모든 것을 빼앗아갔다. 자신의 똑똑한 머리로 사냥에서 돌아온, 피곤하고 배고픈 형에게 죽 한 그릇을 주고 장자의 명분을 사왔다. 다른 사람의 약점을 이용해 원하는 것을 얻은 치졸한 방법이었다. 그리고 어머니 리브가와 공모하여 아버지 이삭과 형 에서를 속이고 형이 받아야 되는 아버지의 축복마저 가로챘다. 이것은 명백한 사기였다.

원하는 것을 위해 식구들까지 속일 수 있는 욕심 많고 이기적인 사람이었다(한마디로 전형적인 사기꾼이었다). 그리고 하나님을 의지하기보다는 자신의 뛰어난 머리로 인생을 산 사람이었다. 하지만 하나님께서는 그러한 야곱을 선택하시고 축복하셨다.

야곱은 하나님이 주신 축복의 약속과 함께 20년 동안 광야에서 훈련받았다. 그리고 그 후에 이스라엘이라는 이름을 하나님으로부터 얻게 된다.

이스라엘은 '하나님과 겨루어 이겼다'라는 뜻이다. 다시 말하면 '기도하는 무릎으로 이기는 사람'이라는 말이다. 남의 발꿈치를 붙잡고 다른 사람을 속이면서까지 원하는 것을 얻고 살았던 야곱을 하나님께서는 20년 동안 훈련시키셔서 기도하는 이스라엘로 변화시키셨다. 영적으로 성장하고 성숙한 철든 사람으로 변화시키신 것이다.

하나님을 믿는 대부분의 크리스천들은 이전 것이 지나가고 새것이 되는 변화(transformation)를 꿈꾼다. 우리는 하나님에 대해 많은 것을 배우기 원한다. 믿음이 성장하고 말이나 행동, 내면의 성격, 성품까지도 변화되어 영적으로 성장하고 성숙한 사람이 되기를 바란다.

당신이 지금까지 자신의 똑똑한 머리를 믿고 남의 발꿈치를 붙잡는 못난 야곱과 같은 인생이었다면 이제는 하나님을 향한 믿음을 가지고 기도하는 사람, 성품까지 변화된 이스라엘이 되어야 한다. 그것이 하나님께서 당신에게 주시는 최고의 축복이다.

하나님께서 변화시키셔야 한다

야곱은 자신의 노력으로 이스라엘이 된 것이 아니다. 하나님께서 변화시키신 것이다. 영적인 성장과 성숙은 내 힘과 노력으로 되는 것이 아니다. 그런데도 대부분의 사람들이 자신의 힘과 노력으로 변화하려고 한다.

당신의 노력과 능력으로는 변화가 쉽게 일어나지 않는다. 스스로 열매를 맺을 수가 없다. 당신은 나무가 아닌 가지이기 때문이다. 가지는 나무에 붙어 있어야 한다. 나무로 인해 가지가 열매 맺는 것처럼 당신은 하나님께 붙어 있어야 한다.

하나님이 당신을 변화시키셔야 한다. 그래야 영적으로 성장하고 성숙할 수가 있다.

내 안에 거하라 나도 너희 안에 거하리라 가지가 포도나무에 붙어 있지 아니하면 스스로 열매를 맺을 수 없음같이 너희도 내 안에 있지 아니하면 그러하리라 나는 포도나무요 너희는 가지라 그가 내 안에, 내가 그 안에 거하면 사람이 열매를 많이 맺나니 나를 떠나서는 너희가 아무것도 할 수 없음이라(요 15:4~5).

하나님께서는 눈에 보이는 외적인 것뿐만 아니라 보이지 않는 내적인 것까지 변화시키기 원하신다. 그리고 지금 이 순간에도 당신을 변화시키고 계신다. 당신은 알지 못하지만 이미 당신을 위한 하나님의 훈련 계획은 시작되었다.

절대로 서두르지 마라

야곱은 이스라엘이 되기까지 20년이라는 시간과 기다림이 필요했다. 그 시간은 단순한 기다림이 아니라 20이라는 광야 훈련이었다. 하지만 하나님께서는 야곱의 변화를 조급하게 생각하지 않으셨다. 훈련을 통해 그를 준비시키신 후에 이스라엘로 이름을 바꿔주셨다.

야곱이 이스라엘로 변화되기 위해서 20년이라는 시간과 기다림이 필요했던 것처럼 당신에게도 시간이 필요하다. 변화와 영적 성숙은 한순간에 벌어지는 사건이 아니기 때문이다. 당신이 영적으로 성장하고 성숙하는 사람이 되기 원한다면 조급해하지 말고 기다려라. 시간과 기다림을 통해서 사람은 변화된다.

아기가 태어나면 보통 몸무게가 3~4킬로그램 정도 되고 키는 50여 센티미터쯤 된다. 앉아 있지도, 걷지도 못하고 누워서 지낸다. 그리고 자신의 의사 표현도 제대로 하지 못한다.

갓 태어난 아이에게 일어나서 걸으라고 강요하는 사람은 이 세상에 아무도 없다. 아이는 어느 날 갑자기 어른이 되는 것이 아니라 날마다 눈에 보이지 않는 성장과 성숙을 하기 때문이다.

영적 성장과 성숙에 있어서 제일 큰 방해 요소는 '조급함'이다. 주변 사람들이 "너는 예수 믿는데 그것밖에 안 되느냐"

라고 다그치면 자신의 성장하지 못한 신앙과 성숙하지 못한 모습으로 인해 실망하게 된다.

당신은 아직 여러 가지로 부족하고 미숙하다. 때론 실수를 반복하고 넘어지기도 한다. 그러나 아이가 커서 어른이 되는 것처럼 당신의 신앙도 성장하고 성숙할 수가 있다. 당신이 인격적으로, 영적으로 성숙하지 못한 사람이라고 해서 좌절하거나 절망하지 마라. 조급하게 생각하지도 마라. 당신은 성장하고 성숙해가는 과정에 있다.

하나님께서는 당신의 영적 성장과 성숙을 절대로 재촉하지 않으신다. 당신을 잘 알고 계시기 때문에 당신에게 어떠한 훈련 프로그램이 적절한지, 얼마 동안의 훈련 기간이 필요한지를 알고 계신다. 그래서 당신에게 꼭 맞는 프로그램을 만드셔서 훈련하신다.

얼마 전에 대학병원의 치과에서 신경 치료를 받은 적이 있다. 레지던트 1~2년차쯤 되어 보이던 수련의는 치료가 다 끝났다고 판단했는지 내 이를 봉해버렸다.

그런데 의사의 담당 교수님이 보시더니 "다시 뜯어"라고 하시는 것이다. 젊은 의사가 "아니, 선생님, 치료를 다 했는데 왜 뜯습니까?"라고 물었다. 그 교수님은 "하나를 덜 치료했잖아. 그걸 놔두고 봉해버리면 어떡해?"라고 대답하셨다.

순간 누워 있는 나는 '내가 실험 대상도 아니고 왜 이러나?'라는 생각에 기분이 나빴다. 그런데 그때, 교수님의 지적에 놀란 수련의가 물었다.

"선생님 눈에는 이게 어떻게 보이십니까? 제 눈에는 안 보이는데요."

교수님은 문제를 발견하지 못한 제자 의사를 야단치지 않으셨다. 오히려 "지금 보이면 안 되지. 치과 의사 생활 20년 해봐. 그럼 그때 보일 거야"라고 말씀하셨다.

나는 그 말에 큰 감동을 받았다. 같은 의사여도 연륜은 절대 무시하지 못한다. 의사 생활 20년이면 다른 초보 의사가 보지 못하는 것을 발견하게 된다. 그것이 연륜이다.

나는 '20년이라는 시간이 지나면 보게 될 것'이라는 교수님의 말을 통해서 우리를 향한 하나님의 마음을 배우게 되었다. 성숙하지 못한 자신의 연약한 모습으로 절망하는 당신에게 하나님은 기다리라고 말씀하신다.

씨를 뿌린다고 곧바로 열매를 맺지 않는다. 시간이 지나야 한다. 여유를 가지고 기다리면 열매가 풍성하게 맺힌다. 빨리 열매를 맺어야 한다고 조급하게 생각하지 말고 여유를 가지고 기다려라.

"하나님, 제 믿음을 굳건히 해주시고 영적으로 성숙시켜 주세요"라고 기도하는 당신에게 하나님은 한마디로 응답하신다.

"기다려라."

이제 막 의사 생활을 시작한 당신의 신앙도 20년이라는 시간이 지나면 스승인 교수님처럼 환자의 모든 상태를 한눈에 보는 경지에 이를 것이다.

청년들을 대상으로 사역하는 나는 나이 먹는 것을 싫어한다. 그래서 될 수 있으면 나이를 잊고 살려고 노력한다. 나는 시간이 지날수록 성장하고 성숙할 것을 알고 있기 때문에 시간이 지나는 것이 오히려 기대된다. 지금 모습보다 10년 뒤의 모습이 더 기대된다. 하나님을 아는 지식의 깊이도 더 깊어질 것이고 영적으로도 더 성장하고 성숙할 것이라는 믿음이 있기 때문이다.

또한 성품도 더 많이 예수님을 닮아 있을 것이다.

예수님이라는 나무에 가지로 붙어 있으면 지금보다 더 풍성한 열매를 맺고 살 수 있다. 10년 뒤 당신 모습을 상상해보라. 당신은 어떤 영적 성숙과 깊이를 가지게 될 것인가? 당신은 지금 야곱과 같지만 이스라엘로 변화될 수 있다고 확신하는가?

걱정하지 마라. 하나님께서 당신을 책임지신다.

너희 안에서 착한 일을 시작하신 이가 그리스도 예수의 날까지 이루실 줄을 우리는 확신하노라(빌 1:6).

하나님은 훈련을 위해 광야 학교로 보내신다

20년 동안 잠만 잔다고 영적 성숙이 생기겠는가? 긴 시간 동안 무작정 기다린다고 믿음이 성장하고 성숙하는 것은 아니다. 하나님은 야곱과 같은 당신을 훈련시키셔서 이스라엘로 변화시키기를 원하신다.

하나님의 훈련 학교는 강의실에서 강의를 듣는 훈련이 아니다. 하나님은 당신의 영적 성장과 성숙을 위해 신학교에 보내시지 않으신다. 강의를 통해 지식을 얻을 수는 있지만 영적으로도 성장하고 성숙하는 것은 아니기 때문이다. 또한 선교 단체에서 제자 훈련을 받는다고 성장하고 성숙하는 것도 아니다.

하나님께서는 당신을 광야라는 학교에 보내셔서 훈련시키신다. 산전수전 다 겪는 삶의 훈련을 통해 당신을 변화시키시고 영적으로 성숙하게 만드신다. 결국 믿음이 성장하는 곳은 삶의 현장이다.

기다림을 한마디로 정의하면 광야 학교 훈련이다. 하나님은 광야 학교 훈련을 통해서 당신을 변화시키시고 성숙하게 하신다. 야곱처럼 연약한 믿음을 가진 당신을 광야 훈련을 통해서 이스라엘로 바꾸시는 것이다.

아브라함을 보라. 하나님께서 인도하신 땅에 기근이 생겼을 때 그 땅의 기근을 통해서 그를 훈련시키셨다. 요셉은 종살이와 누명을 쓰고(그것도 강간미수범이라는) 감옥살이를 하는 광야의 삶을 통해 하나님께 훈련받았다.

또한 하나님께서는 모세를 쓰고자 하셨기에 그를 40년 동안 광야에서 양을 치게 만드셨다(모세의 믿음이 성장하고 성숙하는 데 걸린 시간은 이집트 궁전에서의 40년을 포함해 80년이었다).

하나님은 당신을 이들과 동일하게 삶의 현장에서 훈련시키기 원하신다. 〈체험 삶의 현장〉이라는 TV 프로그램이 있다. 이 프로그램과 같은 것이 하나님의 훈련 학교이다. 당신이 영적으로 성장하고 성숙하길 원한다면 삶의 현장에서 훈련받아야 한다.

당신을 사용하기 원하시는 하나님께서는 당신의 삶을 외롭고 힘든 광야로 만드신다. 지금, 당신의 삶이 왜 힘들고 어려운 광야인 줄 아는가? 그것은 당신을 쓰기 원하시는 하나님께서 당신을 택하셨다는 증거다.

하나님께서는 지금 당신을 훈련시키고 계신다. 언제 끝날지 모르는 훈련이다. 그러나 광야 훈련 후에는 이전과 다른 성숙한 하나님의 사람으로 분명히 변화될 것이다.

하나님은 당신이 붙들고 있는 끈을 끊어버리신다

야곱에게는 믿고 붙들던 끈이 하나 있었다. 바로 어머니 '리브가'였다. 리브가가 아들인 야곱에게 늘 했던 말이 있다.

"아들아, 너는 내 말을 들어라."

이 말을 야곱에게 수없이 반복했다. 실제로 야곱은 모든 문제를 하나님께 기도드리고 결정한 것이 아니라 늘 어머니 리브가의 말을 듣고 결정했다. 야곱에게 인생의 문제 결정권자는 하나님이 아닌 어머니 리브가였다. 바로 야곱이 믿고 붙들던 '끈'이었다.

아버지와 형 '에서'를 속이고 축복을 가로챈 일은 야곱이 의도한 일이 아니라 어머니 리브가가 야곱에게 알려준 일이었다.

그런즉 내 아들아 내 말을 따라 내가 네게 명하는 대로 (창 27:8).

어머니가 그에게 이르되 내 아들아 너의 저주는 내게로 돌리리니 내 말만 따르고 가서 가져오라(창 27:13).

야곱은 어머니 리브가가 말한 대로 실행한다. 자신이 받아야 할 축복을 빼앗긴 것으로 분노한 형 에서를 피하는 방법도 어머니 리브가가 알려준다.

내 아들아 내 말을 따라 일어나 하란으로 가서 내 오라버니 라반에게로 피신하여(창 27:43).

야곱은 자기가 믿고 의지하던 어머니 리브가를 떠나야 이스라엘이 될 수 있었다. 그래서 하나님은 야곱이 리브가를 떠날 수밖에 없는 상황을 허락하셨다.

에서를 피해 도망가는 아들 야곱에게 어머니 리브가는 며칠만 가 있으라고 말한다.

네 형의 노가 풀리기까지 몇 날 동안 그와 함께 거주하라(창 27:44).

리브가는 야곱에게 며칠만 형을 피해 있으면 된다고 말했지만 그 기간은 20년이 되었다. 리브가를 붙들던 그 끈을 끊고 훈련받는 데 20년이 걸린 것이다. 하나님의 시간과 당신의 시간 계획은 전혀 다르다. 내가 어느 정도 훈련되어야 하는지 잘 알고 계시는 분은 오직 하나님뿐이다.

사람을 붙잡는 끈을 끊으신다

사랑하는 사람과 헤어지게 되었다. 당신이 너무 사랑하고 믿던 사람인데 그 사람과 헤어지게 되었다. 하지만 이것은 하나님의 섭리다. 너무 믿고 의지하기 때문에 하나님께서 끊으신 것이다. 그래야 당신의 믿음이 성장하고 성숙한 이스라엘이 될 수 있다.

당신이 믿고 신뢰하던 사람이 있다. 그런데 실망해서 멀어지게 되고 함께하지 못하는 상황들이 생기게 된다.

"나는 널 믿었는데 네가 그럴 수 있어?"

놀라운 영적 원리다. 믿기 때문에 하나님께서 깨시는 것이다. 그 사람이 붙잡고 있던 '끈'이었기 때문에 하나님께서 끊으시는 것이다. 당신이 믿고 붙들던 어머니 리브가이기 때문에 떠나게 만드신 것이다.

사람은 사람을 붙들고 있어서 인생이 잘되는 것이 아니다. 하나님을 붙들고 살아야 한다. 어른들은 "사람을 잘 만나야 한다"라고 말씀하시지만 그건 절대로 아니다. 하나님을 만나야 한다. 그리고 하나님을 믿고 살아야 한다. 하나님의 끈을 붙잡고 살아야 한다.

사람을 두려워하면 올무에 걸리게 되거니와 여호와를 의지하는 자는 안전하리라 (잠 29:25).

헤어지면 마음이 아프고 힘들다. 그리고 눈물도 난다. 광야의 삶이 시작된 것이다. 하지만 하나님께서 왜 이런 상황을 허락하셨는지 묵상하면서 그분의 섭리를 깨달아야 한다. 사람을 너무 믿었다는 것을 깨닫고 하나님만 붙드는 인생이 되기로 결정하면 그 일을 통해 믿음이 자라고 성숙하게 된다.

하나님은 요셉을 쓰시기 위해서 요셉에게 꿈을 주셨다. 꿈을 주신 후에 훈련을 시키시는 하나님의 원칙이 있다. 요셉의 훈련은 그가 의지하던 아버지, 야곱과의 이별로 시작되었다. 늘 자신의 편이 되어주던 아버지 야곱과의 끈이 끊어진 요셉은 아는 사람이 하나도 없는 애굽의 종으로 팔려가게 되었다. 광야의 훈련이 시작된 것이다.

도와주는 사람은 아무도 없었다. 그러나 하나님께서는 요셉과 함께하셨다. 그리고 그를 훈련시키셨다(군대 용어로 굴린 거다). 결국 광야에서 훈련받은 요셉은 믿음이 성장하고 성숙하여 한 나라의 국무총리가 되었다.

현재 하나님의 꿈을 가진 당신은 믿던 사람과 이별하고 힘들어할지 모른다. 어려운 일을 감당하며 어렵게 지내고 있을지도 모른다. 그러나 그것은 광야의 훈련을 받는 것이다. 힘들어하지 마라. 당신은 훈련 뒤에 지금과 전혀 다른 사람이 되어 있을 것이다.

우리가 잘 아는 신데렐라 이야기가 있다. 왕자를 만나서 행복하게 살았다는 이 이야기를 어릴 적부터 들으면서 많은 여성들은 동화 속 왕자 같은 사람을 만나기 원한다 신데렐라뿐만 아니라 이와 비슷한 이야기들은 많이 있다.

그러나 신데렐라를 비롯한 모든 여성들은 왕자를 만나는 게 아니라 하나님을 만나야 한다. 왕자를 붙잡고 사는 것이 아니라 하나님을 붙잡고 살아야 한다.

만약 왕자를 만나서 행복한 것이 정답이라면 영국의 다이애나 비는 왜 찰스 황태자와 이혼을 했겠는가? 만약 당신이 왕자를 붙드는 사람이라면 하나님께서는 그 끈을 끊어버리실 것이다.

우리나라 여성들은 자라면서 "여자는 남자를 잘 만나야 한다"라는 이야기를 자주 듣는다. 마치 여자는 남자를 잘 만나야 인생을 잘 사는 것처럼 믿는다. 그래서 직업 뒤에 '사' 자 붙은 남자를 선호한다. 정말로 여자는 의사와 변호사 등 '사' 자가 붙은 직업을 가진 사람을 배우자로 만나야 잘 사는 것일까?

얼마 전에 미모의 탤런트가 명문 대학 출신의 변호사와 5개월의 결혼 생활을 끝내고 이혼을 했다. 그리고 한 여성은 의사와 결혼하겠다고 예단비만 2억 원을 준비했다. 그렇게 많은 돈을 준비해서 의사와 결혼하면 여자는 행복하게 잘 살 수 있는 것일까?

아니다. 여자는 남자를 잘 만나는 게 중요한 것이 아니라 하나님을 만나야 한다.

남자들은 여자에게 자신만 믿으라고 말한다. 그러나 사실 남자들의 말은 믿을 게 못 된다. 믿으라는 남자의 말에 "당신만 믿어요"라고 고백하는 여성이 있다(또 다른 사도신경이다).

당신이 여자라면 남자를 믿지 말고 전능하신 하나님을 믿고 살아야 한다. 사람을 믿는 것이 아니라 하나님을 믿는 사람이 되어야 한다. 그래야 인생이 제대로 풀린다.

한 여자 후배가 있다. 얼굴이 예뻐서 많은 남자들에게 인기가 있었다. 그러다 자신을 행복하게 해주겠다는 남자를 만났고 남자의 적극적인 공세에 결혼을 허락했다. 그 후배는 그 남자가 자신을 행복하게 해주리라고 믿었다. 그러나 결혼한 지 얼마 되지 않아 남자의 마음은 변했고 결국 폭력까지 서슴지 않았다. 그녀는 1년이라는 눈물과 고통의 시간을 보낸 뒤 결국 이혼을 결정했다.

그녀는 힘들고 어려운 시간들을 보내면서 자신의 문제는 하나님이 아닌 남자를 믿은 것임을 깨달았다. 그리고 하나님께 기도드리기 시작했다. 어려운 시간을 통해 믿음이 자라고 영적으로 성숙하기 시작했다. 그리고 지금은 상처받은 사람들을 위로하고 치유하는 일을 훌륭하게 감당하고 있다.

누군가에게 "너 없이는 안 돼"라고 말하는 것은 바보 같은 인생이다. 사람이 도와주지 않아도, 나의 전부같이 여겨졌던 그 사람이 없어도 당신은 잘 살 수 있다. 믿고 의지하던 사람과의 관계가 끊어졌다면 하나님께서 왜 그렇게 하셨는지 깨달아야 한다. 그러한 상황에서 이렇게 기도해보라.

"하나님, 저를 훈련시키기 위해서, 제 믿음을 성장시키고 성숙시키기 위해서 어머니 리브가의 끈을 끊으시는군요."

그러면 마음이 힘들고 외로워서 눈물이 나는 것이 아니라 기쁨과 감사의 눈물이 나온다.

또한 당신은 누군가의 리브가가 되지 말아야 한다.

"너는 내 말을 듣고 내가 시키는 대로 해야 돼"라고 강요하지 마라. 오히려 당신 주변 사람들이 하나님의 음성을 듣고 하나님 앞에서 결정할 수 있도록 격려해줘야 한다.

만약 야곱의 어머니 리브가가 "넌 내 말을 듣지 말고 하나님께 기도하고 결정해라. 하나님께서 널 도와주실 거야"라고 말했다면 야곱에게는 20년이라는 광야 훈련이 필요하지 않았을 수도 있다.

세계적 권위를 자랑하는 미국의 존스홉킨스 대학 병원의 소아신경외과 과장인 벤 카슨(Ben Carson)은 흑인으로서 빈민가의 가난한 가정에서 태어났다. 그의 부모는 벤이 어렸을 때 이혼했다. 그래서 벤은 학교 교육을 제대로 받지 못한 어머니와 함께 살았다.

초등학교 5학년 때까지 벤은 성적이 형편없는 열등아였다. 그러나 그의 어머니는 아들을 위해 기도하며 신앙으로 키웠다. 그녀는 자녀들에게 자신의 말을 듣도록 강요하거나 매를 들지 않았다.

그녀는 늘 "벤, 네가 하고 싶은 일은 무엇이든지 할 수 있단다. 단지 하나님께 도움을 구해라. 네가 최선을 다함으로써 자신을 도우면, 하나님은 너를 도와주실 것이다"라고 가르치고 권면했다.

자신이 교육을 받지 못했기에, 지식이 없음을 알았기에 기도하면서 하나님의 지혜와 은혜를 구한 것이다.

아들은 어머니의 기도와 훈계로 변화하기 시작했다. 그는 꿈을 가지고 공부해서 예일 대학교를 졸업하고 33세의, 최연소 나이로 세계적으로 유명한 대학 병원 소아신경외과 과장이 되었다. 그는 세계 최초로 붙어서 태어난 샴쌍둥이의 분리 수술에 성공한 사람이다.

지금까지 "내 말을 좇아라"고 말해주는 어머니 리브가를 붙잡고 살았다면 이제 그 어머니와 헤어져야 된다. 믿고 의지하던 어머니와 헤어졌으니 얼마나 공허하고 외롭겠는가? 나를 도와주던 어머니가 내 곁에 없다면 말이다.

그러나 기억해라. 사람의 어리석음은 눈에 보이지 않는 하나님을 믿고 사는 것이 아니라 눈에 보이는 사람을 믿고 사는 것임을.

사람은 떠나가도 하나님은 당신 옆에 계신다. 하나님은 당신을 절대로 떠나지 않으신다. 모든 사람이 다 떠나가고 혼자 남아도 당신은 절대 혼자가 아니다. 하나님께서는 당신을 여전히 붙들고 계신다.

하나님이 당신과 함께 계시다는 것을 아는 순간부터 당신의 믿음은 성장하고 성숙하기 시작한다. 지금 당신이 사랑하는 사람과 헤어지게 되었다면 하나님의 섭리를 깨닫기 바란다.

"하나님께서 내가 붙들고 있는 끈을 끊으시는구나."

예전에 호주에서 집회를 했는데 가지고 간 휴대 전화를 분실했다. 산 지 얼마 안 되는 고가의 전화기라 너무 아까웠다. 그러나 문제는 휴대 전화에 저장된 전화번호였다.

나는 사람들의 연락처를 휴대 전화 외에는 잘 기록하지 않는다. 휴대 전화를 잃어버린 것도 아깝지만 정말 아까운 것은 휴대 전화에 저장된 전화번호였다.

연락을 자주 하는 것은 아니지만 언제든지 내가 도움을 필요로 할 때 기꺼이 도와줄 수 있는 분들의 번호가 많았다. 나는 휴대 전화를 찾게 해달라고 간절하게 기도했으나 찾지 못했다. 그러나 그때 하나님께서 내 마음에 이런 감동을 주셨다.

"넌 모든 것을 잃어버려도 나만 잃어버리지 않으면 살 수 있다."

돈줄을 끊으신다

우리는 살면서 재정적인 어려움을 겪는다. 이것은 돈을 믿고 의지하기 때문에 돈줄을 끊어버리시는 하나님의 훈련이다. 돈을 믿는 사람이 아니라 하나님을 믿는 사람으로 훈련시키기 원하시는 하나님의 섭리이다.

재정적으로 어렵고 힘들 때 우리는 돈을 달라는 기도를 열심히 한다. 하나님을 믿고 기도하는 것 같지만 여전히 돈을 믿고 붙드는 것이다. 그래서 기도가 바뀌어야 한다.

"하나님, 돈이 없어도 하나님만 믿고 살겠습니다."

나는 1989년에 스웨덴에 선교사로 갔다. 당시 20대 초반이었기 때문에 선교사로 인정해서 파송해주는 교회가 없었다. 단지 내가 속한 선교단체에서 10만 원, 그리고 아는 분이 보내주시는 10만 원이 있을 뿐이었다.

당시에는 은행에서 외국으로 돈을 보내는 것이 어려웠기에 수표로 끊어서 편지로 보내주었다. 도착한 지 한 달이 지난 어느 날 편지를 열었더니 영수증만 있고 돈이 없었다. 돈이 절실했던 나는 무척 답답했다.

나는 "돈은 언제 보내주나요?"라고 편지를 썼다. 그런데 답장에는 "우리가 실수했어요. 다음 달에 돈과 함께 보내줄게요"라는 사과의 회신이 왔다. 돈이 없으니까 불편하고 자존심이 상하는 일이 많았다. 다른 사람들이 음료수를 사먹을 때 그러지 못하는 내 자신이 초라해보이기도 했다. 그래서 늘 기도했다.

"하나님, 빨리 돈을 주세요."

두 달이 지나 기다리던 편지, 정확히 말하면 수표가 든 편지가 한국에서 도착했다. 나는 기쁜 마음으로 봉투를 열었다. 그러나 이번에도 돈을 보냈다는 영수증만 있었다. 너무 화가 나서 이번에는 돈이 없는데도 어렵게 국제 전화를 했다.

"아니, 왜 이런 실수를 하세요?"

그랬더니 또 실수했다면서 다음 달에는 꼭 보낸다는 것이다. 짜증이 나고 한편으로는 재정적으로 어려운 내 자신이 불쌍해 보였다.

"하나님, 지금 돈이 없기 때문에 못하는 일이 너무 많아요. 돈이 없어서 이것도 못하고 저것도 못하니까 돈 주세요."

두 달 동안 이런 기도만 반복해서 했다. 그러던 어느 날 아침 하박국 말씀을 묵상하던 중 이런 깨달음을 받았다.

비록 무화과나무가 무성하지 못하며 포도나무에 열매가 없으며 감람나무에 소출이 없으며 밭에 먹을 것이 없으며 우리에 양이 없으며 외양간에 소가 없을지라도 나는 여호와로 말미암아 즐거워하며 나의 구원의 하나님으로 말미암아 기뻐하리로다(합 3:17~18).

나의 기쁨은 하나님이 아닌 돈이었다. 하나님께서는 돈이 있으면 행복하고 없으면 불행하게 느끼는 내게 재정적인 어려움을 허락하셨고, 그 어려움을 통해 그분의 뜻을 깨닫게 하신 것이다.

나는 하나님께 지금의 상황을 감사드리고 굳건한 믿음을 달라고 기도했다. 그런데 기가 막히게도 기도한 다음 날 밀렸던 돈이 다 도착했다.

나는 돈 문제에 대해 오랫동안 훈련받았다. 그래서 웬만한 상황에서는 "돈이 없어서 못해요"라는 얘기를 하지 않으려고 한다. 그리고 돈이 없어서 못한다는 사람들에게 말한다.

"너는 돈이 없는 것이 아니라 믿음이 없는 것이야."

재정적으로 힘들었던 훈련을 통해 깨달은 것은 '있다가도 없고 없다가도 있는 게 돈'이고, 그 돈의 문을 열고 닫는 분이 하나님이라는 것이다. 그런데 그게 언제 생기는 줄 아는가? 하나님만 의지하고 어떠한 상황에도 흔들리지 않는 믿음이 생길 때 돈 문제도 해결된다. 그러나 하나님을 의지하지 않으면 돈줄이 끊어진다.

하나님께서 재정을 막으시는 이유가 있다. 돈을 믿고 살기 때문이다. 돈줄이 끊어지면 그야말로 광야 생활이다. 그때 하나님의 음성을 들어야 한다.

"나만 붙잡고 살아라. 그러면 돈이 없어도 살 수 있다."

많은 사람들이 경제가 어려워 살기 어렵다고 아우성이다. 돈이 없어서 못산다고 말한다. 돈이 없으면 가난한 것이지 못사는 게 아니다. 다시 말하면 돈이 많으면 부자이지 잘 사는 게 아니라는 말이다.

지난 2007년 대통령 선거 때 12명의 후보는 모두가 경제를 살리겠다고 한목소리로 외쳤다. 그중에 특이한 후보가 있었다. 기호 8번이었던 허 모 후보였다. 그는 결혼하면 1억 원을 주고 아이를 출산하면 5천만 원을 주겠다는 공약을 했고 무려 10만 표를 얻었다.

정말 그분이 대통령이 되어서 우리가 결혼하게 되면 1억 원을 받고, 아이를 낳으면 5천만 원을 받게 될까? 그리고 대한민국의 모든 사람들이 행복하게 잘 살게 될 것인가? 분명한 것은 절대 아니라는 것이다. 오늘날 우리는 하나님을 믿는다기보다는 돈을 믿고 있다.

멀쩡하게 생긴 20대 청년 몇이 옆집에 사는 모녀를 납치해서 목을 졸라 죽였다. 남편이 교통사고로 사망해 받은 보상금이 억대라는 것을 알고 모녀에게서 1억 원을 빼앗고 살해한 것이다. 1억 원은 아주 큰 돈이다.

그런데 그 돈을 가로챈 그들이 행복했을까? 잘 먹고 잘 살았을까? 그들은 한 달도 안 돼서 그 돈을 유흥비로 탕진하고 말았다.

돈을 믿는 것만큼 어리석은 게 없다. 어려우면 "없다"고 말하지 말고 기도하라. 돈 달라고 기도하지 말고 믿음을 달라고 구하라. 그러면 하나님께서 해결하신다.

애굽 군대를 의지하고 견고한 성을 신뢰하며, 자신이 가진 많은 양식을 자랑하면 하나님은 당신이 믿고 의지하는 모든 것들을 끊어버리시고 그분만 붙들고 의지하는 인생으로 훈련시키신다.

당신을 도울 사람이 없어도, 믿을 만한 견고한 성과 군대가 없어도, 돈이 없고 먹을 양식이 떨어져도 하나님만 붙들고 의지한다면 기적을 경험하게 된다. 그래야 우리의 믿음은 성장하고 성숙한다. 그리고 하나님은 그런 인생으로 당신을 변화시키시기 원하신다.

이사야 37장을 보라. 앗수르 군대에게 포위당하고 항복을 종용받던 히스기야 왕에게는 앗수르 군대와 싸워 이길 만한 군대가 없었다. 도움을 청할 나라도 없었다.

그러나 히스기야 왕은 자신의 처지를 비관하지 않았다. 즉시 여호와의 전에 올라가 하나님께 도움을 구했다. 기도의 응답은 다음 날 아침에 일어났다.

이사야가 그들에게 이르되 너희는 너희 주에게 이렇게 말하라 여호와께서 이같이 말씀하시되 너희가 들은바 앗수르 왕의 종들이 나를 능욕한 말로 말미암아 두려워하지 말라(사 37: 6).

기적을 체험하는 믿음의 사람이 되어야 한다. 하나님께서는 당신을 이러한 영적 수준까지 끌어올리기 원하신다. 문제로 사방을 포위당한 상황이라면 문제를 해결하기 위해 즉시 도움을 줄 사람에게 도움을 청하는 것이 아니라, 하나님께 구하는 사람이 되어야 한다. 하나님께서는 그러한 수준으로 당신을 만들기 위해 당신이 붙들고 의지하는 모든 끈을 끊어버리신다.

믿었던 사람에게 상처를 받고 밥줄과 돈줄이 모두 끊어졌다면 하나님을 붙들어라. 하나님을 붙들면 기적은 일어난다.

여호와께 피하는 것이 사람을 신뢰하는 것보다 나으며 여호와께 피하는 것이 고관들을 신뢰하는 것보다 낫도다
(시 118:8~9).

당신이 지금 광야에 있다면 그것은 하나님의 훈련이다. 훈

련을 통해 당신의 믿음은 성장하고 성숙한다. 사람들은 "기도하면 밥이 나오냐 떡이 나오냐"라고 말하는데, 기도하면 밥도 나오고 떡도 나온다.

내가 산을 향하여 눈을 들리라 나의 도움이 어디서 올까 나의 도움은 천지를 지으신 여호와에게서로다(시 121:1~2).

어떠한 상황에서도 하나님만 붙들고 사는 것이 믿음이다. 환경과 조건 모두 상관없이 하나님 뜻대로 살려는 게 바로 믿음이다. 믿음은 사람도 돈도 믿지 않고 전능하신 하나님만 믿는 것이다. 잔머리를 굴리지 않고, 사람에게 손을 벌리지 않고 오직 하나님 앞에 무릎 꿇는 것이다.

하나님께서는 당신이 믿음의 사람이 되기를 원하신다. 그래서 날마다 당신을 훈련시키시고 가르치신다.

"사람을 의지하지 마라. 돈을 의지하지 마라. 너 자신을 믿지 말고 나를 믿어라. 기도해라. 무릎으로 승부하라."

광야 훈련과 삶의 힘든 일은 예고 없이 찾아온다. '이게 훈련이구나'라는 생각을 할 여유도 없다. 힘들고 어려운 시간임이 분명하다.

그러나 하나님은 '합력하여 선을 이루시는 것'을 기억하라. 합력하여 선을 이루시는 하나님께서는 당신이 지금 흘리는 눈물과 고통, 그리고 어려움을 통해서도 축복하신다.

여호와를 의뢰하는 자는 시온 산이 요동치 아니하고 영원히 있음 같도다(시 125:1).

더 깊은 묵상을 위하여

1 당신의 신앙생활은 몇 년이 되었는가? 지난 몇 년 동안 당신이 가장 크게 변화된 것은 무엇인가?

2 당신의 신앙은 야곱에서 끝나지 말아야 한다. 반드시 이스라엘로 변화되어야 한다. 어린아이의 신앙에서 머무는 것이 아니라 성장하고 성숙한 어른이 되어야 한다. 지금 당신에게 있이시 변화되어야 할 부분은 무엇인가?

3 지금 당신이 겪고 있는 어려움들은 무엇인가? 그러한 어려움이 왜 당신에게 생겼다고 생각하는가?

4 사람으로 인해 아픔을 겪거나 상처를 받은 적이 있는가? 그 일을 통해서 배운 교훈은 무엇인가?

5 당신이 붙들고 있는 끈은 무엇인가? 사람인가? 물질인가? 명예인가? 그것들을 어떻게 끊을 수 있는가?

야곱이 라헬을 위하여 칠 년 동안 라반을 섬겼으나

그를 사랑하는 까닭에 칠 년을 며칠같이 여겼더라

창 29:20

chapter
02

라반을 만난

야곱

하나님께서는 당신을 영적으로 성장시키고 성숙시키기 위해서 광야 학교 입학을 강행하신다. 광야 학교는 동료가 없는 외롭고 고독한 곳이다. 위로하는 사람도, 믿고 의지할 만한 사람도 없다. 모세는 광야 학교에서 40년 동안 공부했다. 사울도 광야 학교로 보내졌고 훈련을 거친 후에 바울이 되었다. 하나님이 쓰셨던 사람들은 거의 다 광야에 있었다.

아브람은 열국의 아버지 아브라함이 되었고, 사래는 열국의 어머니 사라가 되었다. 지금 당신 눈에 보이는 모습이 전부가 아니다. 당신도 3년, 5년, 10년 뒤에 변화된 모습으로 세상을 축복하며 하나님의 일을 감당하는 사람으로, 성숙한 사람으로 되어 있을 것이다.

광야 학교에 입학시키심과 동시에 하나님께서는 당신이 붙들고 의지하는 모든 끈들을 끊어버리신다. 그것이 규칙이다. 그래서 하나님만 붙들고 사는 인생으로 만드신다.

하나님께서는 야곱을 이스라엘로 만들기 위해 어머니 리브가와 헤어지게 하시고 외삼촌 라반의 집으로 가게 하셨다. 에서가 무서워서 피한 야곱은 며칠 동안만 외삼촌 라반의 집으로 도망가 있으라는 어머니 리브가의 말을 듣고 라반의 집으로 갔다. 그러나 야곱은 무려 20년이나 라반의 집에 머물러야 했다. 야곱은 외삼촌 라반의 집에서 곱고 아름다운 라반의 딸 '라헬'을 만나게 된다. 라헬의 언니인 레아도 있었지만 라헬의 아름다움에 반한 야곱은 라헬을 좋아하게 된다.

 야곱은 자신이 7년 동안 무임금 봉사를 할 테니 라헬을 아내로 달라고 이야기한다. 아름다운 여자를 얻기 위해 7년의 무임금 노동을 결심한 야곱. 그에게 있어 그러한 결심은 나름대로 계산한 제안이었다. 라반에게 있어서도 그런 야곱의 반응은 그가 원했던 그대로였다.

 한 여자를 사랑하므로 7년을 며칠같이 여길 수 있는 야곱은 대단히 낭만적인 사람임이 분명하다. 그러나 문제는 야곱이 기도 없이 배우자를 결정한 것이다. 자신의 눈을 믿고 자신의 선택을 믿고 배우자를 선택했다. 이것은 야곱의 치명적인 약점이었다. 그런데 이런 야곱의 약점을 통해 당신이 배워야 할 것이 있다.

모든 일을 기도로 결정하라

야곱은 머리가 뛰어난 사람임이 분명하다. 뛰어난 머리로 형에서의 장자 권리를 빼앗았고, 결국 형이 받아야 할 아버지의 축복마저 가로챘다. 기도 없이 뛰어난 머리로 산 사람이다.

세상에서 제일 어리석은 사람은 기도하지 않고 자신의 머리와 눈을 신뢰하는 사람이다. 아브라함의 조카 롯은 기도 없이 소돔과 고모라 땅을 선택했다. 자신이 보기에는 여호와의 물 댄 동산 같은 땅이었다. 그러나 그 땅은 곧 하나님의 심판으로 망할 땅이었다.

기도하지 않는 자신의 머리와 눈을 신뢰하지 말아야 한다. 기도 없이 결정하지 마라. 눈에 보기 좋은 대로 움직이지 마

라. 자신의 뛰어난 머리로 결정하지 말고, 기도하고 응답 받은 후에 결정하고 움직여라. 충분히 기도하라. 응답 받을 때까지 기다려라.

사람이 작은 일에 성공을 거두면 자신이 뛰어나고 잘난 사람이라는 착각에 빠지기 쉽다. 그래서 기도하지 않고 자신의 노력과 능력으로 문제를 해결하려고 한다.

기도하지 않는 가장 큰 이유는 교만이다. 교만은 사람을 망하게 한다.

교만은 패망의 선봉이요 거만한 마음은 넘어짐의 앞잡이니라(잠 16:18).

눈이 높은 것과 마음이 교만한 것과 악인이 형통한 것은 다 죄니라(잠 21:4).

교만은 사람의 안정감을 무너뜨려서 급하게, 초조하게 만들 뿐 아니라 사람을 경쟁하도록 내몬다. 야곱의 두려움은 서두르지 않으면 라헬을 놓치게 되는 것이었다. 그래서 라헬을 놓치지 않기 위해 자신의 머리로 모든 방법을 다 동원한다. 기다리다 여자를 놓치게 되었다면 그건 하나님의 뜻이다. 하나님께서 응답하시고 확신을 주실 때까지 기다리고 기도해야 한다.

라헬을 얻기 위해 야곱의 머리에서 나온 방법은 무임금의 노동이었다. 그러나 생각했던 7년보다 긴 14년을 무임금으로 일했다. 만약 야곱이 하나님의 뜻을 구하고 라헬을 얻기 위해 기도했다면 그렇게 오랫동안 노동할 필요가 없었을 것이다. 그리고 라반에게 이용당하지 않았을 것이다.

야곱은 자신의 머리와 노력으로 원하던 것을 얻었다. 그러나 원하는 것만 따라오는 것이 아니라 원하지 않은 것까지 따라오게 된다. 야곱이 진정으로 원하던 사람은 라헬이었다. 그러나 졸지에 부인이 네 명이나 생기게 되었다. 레아와 라헬, 그리고 그들의 종이었던 빌하와 실바까지 야곱의 부인이 되었다. 부인이 네 명이나 생기는 것을 축복이라고 말할 수 있을까? 축복이 아닌 저주다.

아브라함은 하나님께서 인도하시는 땅으로 갔다. 그러나 그곳에 기근이 생기자 식량문제를 해결해야만 했다. 그는 기도하지 않고 식량이 있는 애굽으로 달려간다. 자신이 머물고 있는 땅에는 식량이 없고 애굽에는 식량이 있으니 식량을 구하러 가는 것이 당연한 일인지 모른다. 그러나 문제는 기도하지 않았다는 것이다. 그는 자신의 판단을 믿었고, 그래서 행동했다. 문제는 거기서 끝나지 않았다.

기도하지 않으면 두려움이 생기고 인간적인 방법을 동원해서 문제를 해결하려고 한다. 아브라함은 자신의 아름다운 아내로 인해 목숨을 잃게 될 것을 두려워한 나머지 아내를 누이라고 속인다.

그렇게 원하던 식량은 얻었지만 전혀 예상하지 못한 문제가 생겼다. 자신의 아내를 바로에게 빼앗기는 상황을 초래한 것이다. 하나님의 극적인 개입으로 아내를 되찾았지만 아브라함은 기도하지 않고 자신의 머리와 눈으로 결정한 일에 대한 대가를 지불해야 했다.

기도하고 결정하라. 기도 없이 결정하는 것이 어떤 결과를 초래하는지 야곱은 배웠어야 했다. 기도하지 않고 결정한 모든 일은 내가 원하는 것을 얻을 수는 있지만 결과적으로는 더 큰 문제를 일으킨다.

우리는 똑똑한 머리로 사는 사람이 아니라 기도하는 무릎으로 사는 사람이 되어야 한다. 기도가 없는 지름길을 선택하지 마라.

배우자는 기도로 결정하라

모든 일의 시작은 기도이다. 어떤 일이든지 결정하기 전에 기도해야 하고 기도하고 난 뒤에 움직여야 한다. 그중에서도 제일 중요한 일은 배우자에 대한 기도이다. 배우자는 기도하고 또 기도한 후에 결정해야 한다.

서두르지 말고 하나님께서 응답을 주실 때까지 기다려야 하는 일이 결혼이다. 결혼은 99퍼센트의 이성과 1퍼센트의 감성으로 결정해야 한다고 한다. 그러나 더 중요한 것은 기도하고 결정하는 것이다. 결혼은 백 번 기도하고 백 번 응답을 받은 후에 결정해야 한다.

야곱이 14년 동안이나 무임금으로 봉사해서 얻은 아내가 라헬이다.

'아름다운 라헬과 결혼하면 참 행복할 거야.'

이것이 야곱의 생각이었고 그렇게 믿었다. 그런데 그는 라헬로 인해 행복했을까? 자식을 제일 먼저 낳은 여자는 남편에게 사랑받지 못하는 아내 레아였다.

첫째 아들이 '보라 아들이다'라는 뜻을 가진 '르우벤'이다. 그리고 둘째 아들은 '시므온'이다. '하나님께서 내 얘기를 들으셨다, 들으신다'는 뜻이다. 셋째 아들은 '연합함'이라는 뜻을 가진 '레위'라고 지었다. 넷째 아들은 '유다'로 '여호와를 찬송하라'라는 뜻을 가졌다.

레아는 겉모습이 라헬에 비해 아름답지 않았지만 하나님을 향한, 아름다운 신앙의 고백을 가진 여자임이 분명하다. 레아는 하나님을 향한 믿음의 고백으로 자식들의 이름을 지어주었다. 그러나 야곱이 그렇게 원했던, 그래서 14년 동안 무임금으로 일하며 얻은 라헬은 자식을 낳지 못했다.

라헬이 자기가 야곱에게서 아들을 낳지 못함을 보고 그의 언니를 시기하여 야곱에게 이르되 내게 자식을 낳게 하라 그렇지 아니하면 내가 죽겠노라 야곱이 라헬에게 성을 내어 이르되 그대를 임신하지 못하게 하시는 이는 하나님이시니 내가 하나님을 대신하겠느냐(창 30:1~2).

자식을 낳지 못한 라헬은 자식을 낳은 언니를 질투했다. 질투에서 끝나는 것이 아니라 자신에게 자식을 낳게 하지 않으면 죽겠다고까지 야곱에게 말했다. 이것은 단순한 투정이 아니었다. 매일같이 반복되는 투정에 야곱은 짜증이 날 만도 했다. 그래서 그는 라헬에게 "내가 하나님을 대신하겠느냐"라며 화를 낸다. 부부싸움이 일어난 것이다.

결국 라헬은 자신의 여종인 '빌하'를 야곱의 아내로 주면서 애를 낳으라고 강요한다. 그래서 빌하는 임신하게 되고 아들을 낳아 그 이름을 '단'이라고 지었다. 이름의 뜻은 '억울함을 풀었다'이다.

빌하는 그 후 또 아들을 낳게 되었는데 이름을 '경쟁에서 이겼다'라는 뜻을 가진 '납달리'로 지었다.

라헬에게서는 어떠한 신앙적 고백도 찾아볼 수가 없다. 그녀는 계속해서 언니인 레아와 갈등하고 문제를 일으킨다. 뿐만 아니라 야곱이 라반을 떠날 때에는 아버지의 우상인 '드라

빔'을 훔쳐 나왔다. 야곱은 라헬이 죽었을 때 에브랏, 곧 베들레헴 길에 장사하였다. 그리고 레아가 죽었을 때는 자신의 조부모와 부모가 묻혀 있는 곳에 장사하고 자신도 거기에 장사되기를 원했다.

> 아브라함과 그의 아내 사라가 거기 장사되었고 이삭과 그의 아내 리브가도 거기 장사되었으며 나도 레아를 그곳에 장사하였노라(창 49:31).

레아는 시력이 좋지 않아 늘 찡그린 얼굴을 하고 있어서 아름답게 보이지 않았을지도 모른다. 그러나 그녀는 죽음의 순간 남편에게 인정받았다.

어쩌면 변화받은 야곱은 그제야 외면을 보지 않고 내면을 보는 눈을 가지게 되었는지도 모른다. 여자의 진정한 아름다움은 외면에 있는 것이 아니라 내면에 있는 것이다.

> 고운 것도 거짓되고 아름다운 것도 헛되나 오직 여호와를 경외하는 여자는 칭찬을 받을 것이라(잠 31:30).

남자들은 절대 얼굴만 보고 아내를 결정하지 마라. 하나님이 예비하신 짝을 만나도록 기도해야 한다. 제일 어리석은 남자가 여자의 화장발에 미혹되는 사람이다. 남성들이여! 여자의 아름다운 얼굴이 전부가 아니다. 아름다운 외모와 화려한 조건으로 결혼을 결정하지 말고, 기도하고 나서 배우자를 결정하라.

그리고 필요하다면 금식하기 바란다. 모든 것이 마찬가지지만 결혼만큼은 확실하게 응답받고 해야 한다. 기도하지 않은 당신의 감정과 눈을 절대로 신뢰하지 마라. 또한 하나님을 신실하게 사랑하는 사람을 배우자로 만나야 한다. 그것이 가장 중요한 조건이다.

야곱은 라헬의 아름다운 얼굴을 보고 무려 14년 동안이나 무임금으로 일했지만 라헬 때문에 마음이 편하지 않았다. 한눈에 반했다고 그걸 보고 운명이라고 믿지 마라.

미국에서 같이 공부하던 남자 후배가 있었다. 선교에 헌신한 귀한 청년이었다. 그런데 이 후배는 여자의 외모가 무조건 예뻐야 한다고 믿었고, 자신의 배우자로 예쁜 여자를 만나기 원했다. 하나님께 헌신하고 열심히 사역하는 여자에게서 아무 매력도 느끼지 못한 후배는 결국 헌신과는 아무 상관 없는 무신론자인, 외모가 아름다운 여자를 만났고 사랑에 빠졌다. 자신이 꼭 전도하겠다고 결정하고 결혼까지 했지만 오히려 본인의 신앙마저 버리게 되었다. 그리고 지금은 교회에 출석하지도 않는다.

라반은 당신을 깨기 위한 하나님의 도구이다

야곱은 아름다운 라헬을 사랑했고 기도 없이 결혼을 결정했다. 그리고 그 여자를 얻기 위해 7년이라는 무임금 노동을 결심했다. 자신의 힘과 노력으로 자신이 원하는 것을 얻겠다는 것이었다.

    야곱은 자신의 똑똑한 머리와 눈을 믿고 사는 교만한 사람이었다. 교만은 하나님과 상관없이 자신이 모든 것을 결정하려는 태도이다. 하나님은 야곱의 교만을 깨시기를 원했다. 그래서 야곱보다 더 머리를 잘 쓰는, 한 수 위의 라반을 만나게 하셨다.

야곱은 자신이 나름대로 똑똑하다고 믿었지만 라반은 야곱이 감히 상대할 수 없는 고수(高手)였다. 야곱이 깨져서 이스라엘이 되려면 라반과 같은 고수를 만나야 된다.

형을 속인 야곱은 외삼촌 라반에게 속임을 당한다. 야곱은 7년 동안 무임금으로 봉사해서 라헬을 얻겠다고 생각했지만 라반은 야곱을 평생 이용할 방법을 계획하고 있었다. 7년간의 무임금 노동을 끝낸 야곱은 드디어 결혼식을 치르고 첫날밤을 맞이하게 된다.

그런데 다음 날 보니 신부가 라헬이 아니라 레아였다. 라반에게 속은 것이다. 야곱은 충격을 받았다. 라반은 지역의 풍습대로 라헬을 얻기 위해 7년을 더 일하도록 강요했다. 그러나 거기서 끝나지 않고 6년을 더 일하게 된다. 그리고 받기로 한 임금을 열 번이나 받지 못했다. 지독한 사람인 라반에게 야곱이 걸려도 단단히 걸린 것이다.

내가 이 이십 년을 외삼촌과 함께하였거니와 외삼촌의 암양들이나 암염소들이 낙태하지 아니하였고 또 외삼촌의 양 떼의 숫양을 내가 먹지 아니하였으며 물려 찢긴 것은 내가 외삼촌에게로 가져가지 아니하고 낮에 도둑을 맞았든지 밤에 도둑을 맞았든지 외삼촌이 그것을 내 손에서 찾았으므로 내가 스스로 그것을 보충하였으며 내가 이와 같이 낮에는 더위와 밤에는 추위를 무릅쓰고 눈 붙일 겨를도 없이 지냈나이다 내가 외삼촌의 집에 있는 이 이십 년 동안 외삼촌의 두 딸을 위하여 십사 년, 외삼촌의 양 떼를 위하여 육 년을 외삼촌에게 봉사하였거니와 외삼촌께서 내 품삯을 열 번이나 바꾸셨으며(창 31:38~41).

하나님은 뛰는 놈을 깨뜨리기 위해서 나는 놈을 허락하신다. 이 사실을 기억하라.

야곱은 똑똑했다. 그러나 라반은 야곱보다 머리가 더 잘 돌아갔다. 자신의 딸에게도 양을 치게 할 정도로 경제적 이재에 밝은 사람이었다.

절대로 손해보지 않는 사람이다. 그는 두 딸을 이용하여 야곱을 14년 동안 무임금으로 일을 시키려 했다. 사실 라반은 평생 동안 야곱을 옆에 두고 이용하려고 했다.

야곱은 형과 아버지를 속였지만 라반에게 속임을 당한다. 그것도 한 번이 아닌 여러 번을 당한다. 심지어 자신의 정당한 노동의 대가로 받아야 할 임금조차 받지 못하게 된다.

　당신이 변화되길 원한다면 당신을 힘들게 하고 어렵게 하는 라반이 필요하다. 당신을 이용하고 아픔을 주는 라반이 있어야 야곱에서 이스라엘로 변화될 수 있다. 라반은 당신의 약점과 문제를 비춰주는 거울이다. 자신의 딸까지 이용하는 야비한 방법으로 14년이 넘게 무임금으로 일을 시키는 그는 야곱을 비춰주는 거울이다.

　야곱의 눈에 비친 라반의 교묘하고 야비한 술수는 다름 아닌 자신의 모습이다. 사람은 거울을 보면서 자신의 외모를 보지만 자신의 내면은 들여다보지 못한다. 거울에 비친 자신의 모습을 보면서 머리를 가다듬고 옷매무새를 다듬을 수는 있다. 그러나 정작 내면은 볼 수 없다.

　사람은 자기 잘난 맛에 산다. 그래서 자신의 문제와 연약한 점을 모르는 경우가 많다. 자신의 교만과 술수를 보지 못하는 당신을 위해 하나님은 라반을 보내시고 문제를 고쳐주시기 원하신다. 그렇게 당신을 깨고 훈련하신다.

당신의 삶을 힘들게 하고 어렵게 하는 사람이 있는가. 그런 사람이 있다면 당신을 바꾸기 위해 하나님께서 보내주신 라반이다. 라반을 통해서 당신의 모습을 볼 수 있어야 한다. 나를 힘들게 하는 라반을 보면서 '저 사람의 행동이 바로 내 모습이구나' 하고 깨달아야 한다. 그때 무릎 꿇고 하나님께 부르짖으면 문제가 해결된다.

우리의 문제는 무엇인가? 무조건 라반에게서 도망가지 말고 그를 미워하지 마라. 라반에게 감사하라. 만약 당신이 라반으로부터 도망치면 지금의 라반보다 더 힘들게 하는 또 다른 라반을 만나게 된다. 도망간다고 문제가 해결되는 것이 아니다. 그 상황을 통해서 자신의 모습을 깨달아야 한다.

자신의 머리로 문제를 해결하려고 하지 마라. 힘들다고 도망가지 말고 즉시 무릎 꿇어야 한다.

"하나님! 라반은 바로 저의 모습입니다. 저 사람의 교만이 바로 제 교만입니다. 저를 변화시켜 주세요."

이러한 기도가 당신을 야곱에서 이스라엘로 변화시킨다. 아직도 교만하고 이기적이며 자신의 머리만 믿는 당신을 위해 하나님께서는 삶에서 수많은 라반들을 허락하신다.

라반은 야곱을 깨기 위한 하나님의 도구였다. 때로는 아내와 남편이, 그리고 자식들이 당신을 위한 라반이 될 수도 있다. 친구로 인해 힘들고 직장 동료로 인해 괴롭다면, 하나님께서 당신을 변화시키기 위한 라반으로 보내셨다는 것을 기억해야 한다. 현재 다니고 있는 교회에 힘들게 하는 사람이 있다고 해서 다른 교회로 옮기면 또 다른 라반이 기다리고 있다는 사실을 알아야 한다.

"하나님, 저를 변화시켜주세요. 문제는 라반이 아니라 야곱인 저입니다."

이 훈련을 잘 통과하면 당신도 이스라엘이 된다는 것을 기억하라.

더 깊은 묵상을 위하여

1 당신은 모든 일에 기도함으로써 결정하는가? 아니면 상식이나 경험을 의지하는가? 지금 당신이 응답받아야 할 기도 제목들을 열거해보라.

2 당신이 아직 미혼이라면 결혼을 위해서 기도하고 있는가? 당신은 어떤 사람을 배우자로 만나기를 원하는가?

3 당신을 힘들게 하는 사람이 주변에 있는가? 그 사람에 대해 어떻게 반응하였는가? 그 사람을 허락하신 하나님의 뜻이 무엇이라고 생각하는가?

4 만약 당신과 함께 있는 사람이 라반과 같은 사람이라면 당신은 어떻게 그와 함께 지낼 것인가?

5 당신이 다른 사람을 힘들게 하고 어렵게 하는 라반이 된 적은 없는가? 그런 적이 있다면 적어보라.

그가 이르되 날이 새려 하니 나로 가게 하라 야곱이 이르되
당신이 내게 축복하지 아니하면 가게 하지 아니하겠나이다

창 32:26

chapter
03

환도뼈가 부러진

야곱

야곱은 20년 동안 외삼촌 라반의 집에서 무임금으로 봉사를 한다. 그는 두 아내를 얻기 위해서 14년 동안 봉사하고 라반의 양 떼를 위해서 6년이나 봉사했지만 열 번이나 임금을 받지 못했다. 결국 20년 동안 한 푼도 받지 못하고 라반의 양 떼를 섬겼다.

야곱은 라반에게 자신을 고향으로 보내달라고 요구한다. 그러나 라반은 그를 쉽게 보내지 않는다. 임금을 줄 테니 더 머물러 달라고 요구한다.

라반의 부탁에 야곱은 특이한 요구를 한다. 앞으로 태어날 가축 중에서 얼룩이 져 있거나 점이 있는 것을 자신에게 달라고 요구한다. 야곱의 제안을 받아들인 라반은 가축 중에서 무늬가 있고 점이 있는 것들을 자기 아들에게 다 맡기고 야곱을 멀리 떼어놓고 나머지 양들을 치게 했다.

야곱에게 맡긴 가축들은 모두 점이 하나도 없는 흰 것들이었다. 야곱은 라반이 생각하는 것처럼 절대로 어리석지 않았다. 20년간 가축들을 치면서 관찰하고 연구했다.

야곱은 미루나무와 감, 복숭아나무와 플라타너스의 푸른 가지들을 꺾어 흰 줄무늬가 나게 껍질을 벗기고, 그 가지들을 물 먹이는 구유 안에 세워놓아 양 떼가 그것을 보면서 물을 먹게 했다. 양들은 물을 먹으러 온 그곳에서 교미하였다. 그랬더니 줄무늬가 있거나 얼룩진 새끼를 낳았다.

 야곱은 그런 양 새끼들을 가려놓았다. 그리고 라반의 양 떼 가운데서 줄무늬가 있는 것이나 검은 것은 그 양 떼에서 가려내었다. 이렇게 자기 양 떼를 라반의 양 무리와 섞이지 않게 하였다. 거기서 끝나는 것이 아니었다.

 야곱은 양 떼 가운데서도 튼튼한 것들이 교미할 때만 그 나뭇가지들을 구유 안에 세워놓아 양들이 그것을 보면서 교미하게 하였고, 약한 양들이 교미할 때는 그 나뭇가지들을 세워놓지 않았다.

 당연히 약한 새끼들은 라반의 것이 되고 튼튼한 것들은 야곱의 것이 되었다. 야곱은 바라봄의 법칙을 이용했다. 바라봄의 법칙이란 어떤 사물을 집중해서 보고 묵상하기 시작하면 닮아가는 현상을 말한다. 야곱은 20년 간 가축들을 돌보면서 이러한 법칙을 발견하고 자신이 지금까지 받지 못한 임금을 받기 위해 이러한 자연의 법칙으로 라반과 승부한 것이다. 이렇게 해서 야곱은 양 떼뿐 아니라 남종과 여종, 낙타와 나귀까지 많은 큰 부자가 되었다.

결국 야곱은 라반을 위협할 정도의 재산을 가지게 된다. 20년 동안 라반에게 당하면서 살았지만 오히려 라반을 능가하는 머리의 소유자가 되었다. 야곱은 늘 '나는 마음먹은 일을 다 할 수 있다. 나는 뭐든지 다 할 수 있다'라고 믿는 사람이었다.

사람은 마음만 먹으면 원하는 것을 다 얻을 수 있고 무엇이든지 다 할 수가 있다. 그렇게 믿었던 대표적인 사람이 야곱이다. 그는 탁월하고 뛰어난 사람임이 분명했다. 그러나 그의 치명적 약점과 문제는 기도하지 않았다는 것이다. 기도 없이 결정하고 하나님의 뜻과 상관없이 자신의 힘과 능력으로 모든 일을 처리했다.

재산이 많아진 야곱은 라반의 얼굴이 이전과 다르다는 것을 발견한다. 그는 남의 눈칫밥을 20년이나 먹고 살았기 때문에 눈치가 굉장히 빨랐다(얼굴만 봐도 이 사람이 어떤 생각을 하는지 다 알아차리는 사람이었다). 이제 외삼촌 라반을 떠날 때가 왔다는 것을 깨닫고 떠나기로 작정한다.

야곱은 외삼촌이자 장인인 라반이 없는 틈을 타서 도주하다시피 급하게 떠난다. 라반에게 자신의 재산을 빼앗길지도 모른다는 두려움에 작별 인사도 없이 가족들과 함께 야반도주를 한 것이다.

그러나 도망가는 야곱을 보면서 우리는 배워야 할 것들이 있다.

당신은 무능하지만 하나님은 전능하시다

결과적으로 야곱은 원하는 것을 다 가졌지만 문제는 더 복잡해졌다. 뛰어난 머리와 탁월한 능력으로 문제를 해결하려고 하면 해결된다. 그러나 문제는 더 복잡해지고 관계는 어려워진다. 결국 자신의 한계에 부딪히는 상황이 오게 되고 사람은 두려움에 사로잡히게 된다.

기도하지 않는 사람은 문제와 정면으로 부딪혀서 해결하려고 하지 않는다. 문제를 피하는 것이 최선의 방법이라고 생각하고 문제로부터 도망가버린다.

야곱은 기도하지 않았기 때문에 형 에서를 두려워했고, 결국 형을 피해 도망을 갔다. 내 힘으로, 내 머리로 해결되지 않는 것도 있다는 사실을 깨달았다면 하나님 앞에 무릎 꿇었어야 했다. 그러나 기도하지 않고 에서와 라반을 피해 도망가는 것이 최선의 방법이라고 믿었다.

당신은 문제가 생길 때마다 왜 그것을 피해 도망가는지 아는가? 기도하지 않기 때문이다. 기도하지 않으면 당신 안에 두려움이 생기고 그 두려움 때문에 문제와 싸우지 못한다.

머리가 똑똑하고 능력이 뛰어난 것 같지만 결국 한계에 부딪히는 것이 인간이다. 아무리 잘나고 뛰어나도 해결할 수 없는 문제들이 당신에게 존재한다.

기억하라. 인간은 무능하고 연약한 존재다. 그래서 문제가 복잡해지고 어려워지면 혼자 힘으로 해결하려고 버둥거린다. 이때 당신 힘으로 해결하려고 애쓰지 말고 전능하신 하나님을 붙들어라.

더 이상 당신 힘으로 할 수 없다는 것을 알았다면 두 손을 들고 하나님께 기도드려야 한다. 마지막까지 자신의 머리와 힘으로 문제를 해결하려고 하기 때문에 상황이 더욱 복잡해지는 것이다.

인생의 성공을 가르치는 사람들은 "당신은 뭐든지 다 할 수 있다. You can do it"이라고 말한다. 하지만 그것은 진정한 성공 비결이 아니다. 성공하는 인생으로 살기 원한다면 자신의 무능함을 깨달아야 한다. 진리는 이것이다.

"저는 할 수 없습니다. 전능하신 하나님께서 도와주셔야만 됩니다."

이 고백으로 사는 사람이 성공하는 인생을 사는 것이다.

내게 능력 주시는 자 안에서 내가 모든 것을 할 수 있느니라(빌 4:13).

그런데 문제는 대부분의 사람들이 자신에게 능력 주시는 자를 빼버리고 "나는 할 수 있다"라고만 외치는 것이다. 인간은 무능하고 무지하다. 아무리 머리가 똑똑하고 능력이 뛰어나도 한계에 부딪히는 것이 인간이다.

하나님은 75세 된 아브라함에게 아들을 주시겠다고 약속하셨다. 그러나 기다려도 바라던 아들은 생기지 않았다. 나이가 드는 것을 두려워하던 아브라함은 나이 86세에 젊은 여종

하갈과 동침해서 '이스마엘'을 낳는다. 하나님은 99세 된 아브라함에게 다시 한 번 사라를 통해서 아들을 주시겠다고 약속하셨다.

그러나 아브라함은 자신의 나이가 곧 100세가 됨을 하나님께 상기시키고 이스마엘로 만족하며 살겠다고 말한다. 그리고 사라는 자신이 90세가 되는데 어찌 자식을 낳을 수 있겠냐며 웃는다. 자신들은 나이가 들었기 때문에 자식을 낳을 수 없다고 믿었다.

왜 아브라함이 99세가 될 때까지 이삭을 낳지 못했는가? 자신들의 힘으로 자식을 낳으려고 했기 때문이다. 100세가 되는 아브라함에게 하나님께서 다음과 같이 말씀하셨다.

아브람이 구십구 세 때에 여호와께서 아브람에게 나타나서 그에게 이르시되 나는 전능한 하나님이라 너는 내 앞에서 행하여 완전하라(창 17:1).

나이가 100세이기 때문에 자식을 못 낳을 수도 있다. 그러나 전능하신 하나님은 100세가 된 당신에게 자식을 주실 수 있다. 완전하라는 것은 자신의 연약함을 고백하고 하나님의 전능하심을 믿고 살라는 말이다.

야곱은 라반이 두려워서 말도 못하고 도망갔다. 그런데 이 문제를 누가 해결해주는가? 하나님께서 해결해주셨다. 하나님은 라반의 꿈속에 나타나서 야곱에게 손대지 말라고 경고하신다.

<blockquote>밤에 하나님이 아람 사람 라반에게 현몽하여 이르시되 너는 삼가 야곱에게 선악간에 말하지 말라 하셨더라(창 31:24).</blockquote>

야곱은 지금까지 자신의 머리와 능력으로 장자의 권리를 배고픈 형에게 사오고 아버지도 속였다. 그리고 형이 받아야 하는 아버지의 축복도 빼앗았다.

또한 원하던, 아름다운 라헬을 아내로 맞이하고 뛰어난 머리로 가축 떼를 얻어 부자가 되었다. 자신이 원하던 모든 것을 다 얻었다. 그러나 자신의 힘으로 해결하지 못하는 것이 바로 '관계'였다.

야곱에게 가장 큰 두려움은 형 '에서'였다. 외삼촌 라반에게 말도 못하고 도망쳤지만 관계의 어려움을 해결해주신 분은 하나님이셨다. 하나님께서 라반과의 문제를 해결해주셨다. 형 에서와의 문제도 해결해주신다는 것을 야곱은 알고 믿어야 했다.

하나님께서 작은 문제를 해결해주셨다면 큰 문제도 해결해주신다. 그런데 오늘 당신은 하나님을 제한해버린다.

하나님께서 작은 문제는 해결해주셨지만 큰 문제는 해결해주시지 않는다고 믿는 것이다. 아브라함처럼 100세 된 사람이 어떻게 자식을 낳을 수 있겠냐고 반문한 것처럼 하나님께서는 이렇게 큰 문제를 해결하실 수 없다고 생각하는 것이다.

하나님께서 당신의 작은 문제를 해결해주셨다면 큰 문제도 해결해주신다. 작은 신음에도 응답하시는 하나님이시다. 성경은 말한다.

오그가 또 언약을 배반하고 악행하는 자를 속임수로 타락시킬 것이나 오직 자기의 하나님을 아는 백성은 강하여 용맹을 떨치리라(단 11:32).

야곱은 이러한 사실을 깨닫고 형 에서와의 문제를 하나님께 기도하면서 도움을 구해야 했다. 그러나 야곱은 또다시 자신의 머리로 문제를 해결하려고 시도한다. 야곱은 자신의 고향으로 돌아가는 길에 하나님의 군대를 만나는 체험을 한다. 그러나 결정적인 순간에 두려움에 사로잡힌다.

당신이 은혜받고 영적인 체험을 했다고 모든 문제가 해결되는 게 아니다. 결정적인 순간에 또다시 두려움에 사로잡히고 그것이 당신과 나의 모습이다.

당신은 놀라운 하나님의 은혜를 경험했다. 그렇지만 결정적인 순간에는 하나님의 전능하심을 잊어버린다. 왜 그럴까? 아직까지 믿음이 성장하지 못하고 성숙하지 못했기 때문이다.

그러나 어느 정도 시간이 지나면 결정적인 순간에도 하나님만 붙드는 나와 당신이 되리라 믿는다. 하나님께서는 반드시 나와 당신을 그렇게 만드실 것이다.

하나님만 붙들어야 한다

다음 말씀을 보고 하나님의 은혜를 체험한 야곱이 어떤 반응을 일으키는지 한번 보라.

> 사자들이 야곱에게 돌아와 이르되 우리가 주인의 형 에서에게 이른즉 그가 사백 명을 거느리고 주인을 만나려고 오더이다 야곱이 심히 두렵고 답답하여 자기와 함께한 동행자와 양과 소와 낙타를 두 떼로 나누고 이르되 에서가 와서 한 떼를 치면 남은 한 떼는 피하리라 하고(창 32:6~8).

미리 보낸 종들이 야곱에게 돌아와서 에서가 4백 명을 거느리고 야곱에게 오고 있다고 보고한다. 이 이야기를 들은 야곱은 심히 두렵고 답답했다. 라반과의 어려운 문제를 하나님께서 해결해주셨다. 그리고 하나님의 군대를 만나는 영적 체험도 했다. 그런데 이러한 은혜를 경험한 야곱은 전능하신 하나님을 바라보는 것이 아니라 종의 말을 듣고 두려움에 사로잡혀서 떨고 있었다.

여기서 끝나면 얼마나 좋겠는가? 두렵고 답답한 야곱은 하나님께 도움을 구하면서도 기도하지 않고 다시 자신의 똑똑한 머리를 굴린다. 야곱이 얼마나 머리가 잘 돌아가는지 보라.

자기와 동행자, 양과 소와 낙타를 두 떼로 나누어 에서가 와서 한 떼를 치면 남은 한 떼는 피하라고 주문하고 하나님께 기도드린다.

> 야곱이 또 이르되 내 조부 아브라함의 하나님 내 아버지 이삭의 하나님 여호와여 주께서 전에 내게 명하시기를 네 고향 네 족속에게로 돌아가라 내가 네게 은혜를 베풀리라 하셨나이다 나는 주께서 주의 종에게 베푸신 모든 은총과 모든 진실하심을 조금도 감당할 수 없사오나 내가 내 지팡이만 가지고 이 요단을 건넜더니 지금은 두 떼나 이루었나이다 내가 주께 간구하오니 내 형의 손에서 에서의 손에서 나를 건져내시옵소서 내가 그를 두려워함은 그가 와서 나와 내 처자들을 칠까 겁이 나기 때문이니이다 주께서 말씀하시기를 내가 반드시 네게 은혜를 베풀어 네 씨로 바다의 셀 수 없는 모래와 같이 많게 하리라 하셨나이다(창 32:9~12).

자신의 하나님이 아닌 조부 아브라함과 아버지 이삭의 하나님을 부른다. 아브라함의 하나님이 오늘 나의 하나님이 된다는 신앙 고백이 있어야 한다. 우리는 다른 사람의 하나님을 믿는 것이 아니라 나의 하나님을 믿어야 한다.

이런 모습이 오늘날 '믿는다'고 말하는 당신과 나의 모습은 아닐까? 내 뜻대로 계획을 다 세워놓고 마지막 순간에 "하나님, 도와주세요"라고 부르짖는 모습이 얼마나 이기적인가? 두렵고 답답하다면 계획부터 세우지 말고 기도하라. 문제가 생긴 다음에, 정말 죽게 되었기 때문에 기도하는 것이 아니라 문제가 생기기 전에 먼저 기도해야 된다.

"하나님 제가 어떻게 하면 좋을까요? 저에게 길을 보여주세요."

그리고 하나님 말씀을 따라서 그물을 던지든, 홍해를 건너든, 요단을 건너든지 선택해야 된다. 문제가 생겨서 두렵고 답답하기 때문에 부르짖으면 오히려 감사한 일이다. 그러나 내 방법대로 살아남을 방법에 대해 세워놓은 것이 문제다.

야곱은 기도했다(20년 전과 비교하면 많이 변화된 것이다). 그러나 기도하면 하나님의 응답을 받고 움직여야 되는데 또다시 자신의 똑똑한 머리를 쓴다. 20년 동안 훈련받았는데 아직도 자신의 머리를 믿고 자기 생각대로 움직인다.

야곱은 에서와의 문제를 물질로 해결하려고 했다. 하나님께서 라반의 문제를 해결해주셨고, 하나님의 군대를 만나는 영적 체험도 하게 하셨다.

그러나 야곱은 에서가 4백 명의 사람들과 함께 온다는 말을 듣고 두려워했다. 두려움 때문에 기도는 했지만 여전히 자신의 생각대로 문제를 해결하고자 했다. 그 결과 사람의 마음을 돈과 물질로 움직이겠다고 생각하고 행동했다.

> 또 너희는 말하기를 주의 종 야곱이 우리 뒤에 있다 하라 하니 이는 야곱이 말하기를 내가 내 앞에 보내는 예물로 형의 감정을 푼 후에 대면하면 형이 혹시 나를 받아 주리라 함이었더라(창 32:20).

야곱은 형 에서에게 예물을 먼저 보낸다. 뇌물로 마음을 풀고 그 후에 형을 만나겠다는 계산된 행동이었다. 야곱이 정말 하나님만 붙들고 의지하며 기도했을까? 야곱은 하나님도, 돈과 물질도 붙들었다. 자신이 붙잡을 수 있는 모든 것을 붙들고 문제를 해결하려고 했다.

정말로 문제가 해결되기를 원하거든 하나님만 붙들어야 한다. 당신의 생각과 방법들을 다 내려놓으라. 당신의 끈과 계획을 모두 내려놓고 전능하신 하나님께 무릎 꿇고 기도하라. 그것이 성공하는 인생을 살 수 있는 가장 탁월하고 지혜로운 방법이다.

뇌물을 에서에게 먼저 보내고 아내와 자식들도 얍복 나루를 건너게 하지만 여전히 두려움에 사로잡힌 야곱은 얍복 나루에 홀로 남았다. 야곱의 두려움은 이것이었다.

'형이 혹시 나를 죽이지 않을까?'

형의 마음을 풀기 위해 예물을 보냈지만 여전히 두렵고 마음은 답답하다. 문제와 정면으로 싸울 만한 용기가 없어 홀로 남은 야곱이 바로 당신과 나의 모습이다.

당신은 어렵고 답답한, 힘든 문제로 어두운 방에서 두려움 가운데 사로잡혀 있지는 않은가? 죽을지도 모른다는 생각에 마음이 답답해 술로 자신을 위로하는지도 모른다.

야곱은 20년 동안 라반이라는 영적인 조교를 통해 자신의 머리로 사는 것이 얼마나 어리석은 일인지를 훈련받았다. 더불어 여러 가지 영적인 체험도 하고 은혜도 받았다. 그러나 여전히 자신의 머리로 문제를 해결하려는 야곱은 문제 앞에서 기도하지 못하고 염려하고 두려워하여 어둠의 밤을 홀로 보내고 있었던 것이다.

하지만 이렇게 고집 센 야곱을 하나님은 포기하지 않으셨다. 하나님께서는 야곱이라는 이름의 당신을 이스라엘로 변화시키기 위한 작업을 절대로 포기하지 않으신다. 그리고 당신과 나를 포기하지 않으신다.

나는 야곱을 보면서 내 모습을 본다. 당신도 야곱을 보면서 당신 모습을 봐야 한다.

당신은 지금까지 교회와 선교단체를 통해 많은 훈련을 받았다. 좋은 설교도 많이 들었고 신앙에 도움이 될 만한 책도 많이 읽었다. 은혜도 받았고 영적인 체험도 했다. 그래도 여전히 변화되지 않는 자신의 모습을 보면서 좌절하는가? 하나님께서는 절대로 야곱을 포기하지 않으셨다. 연약한 야곱을 기도하는 이스라엘로 만드신 것처럼 오늘 당신에게도 동일한 작업을 하신다.

두려움에 사로잡혀 홀로 남은 야곱을 한밤중에 하나님께서 찾아오셨다. 당신을 도와줄 수 있는 사람이 한 사람도 없어서 외롭고 두려운가?

어둠만이 존재하는 시간을 보내고 있다면 그 적막한 어둠 속에서 당신을 찾아오시는 하나님을 만나야 한다. 하나님을 붙들어야 당신의 문제가 해결될 수 있다.

의지하고 붙들 수 있는 어느 것도 눈앞에 보이지는 않는다. 하지만 영적인 눈을 떠라. 하나님께서 당신과 함께하신다. 하나님은 두려움으로 가득 찬 시간을 보내는 지금이 당신이 깨지고 변화될 수 있는 가장 좋은 시간이라는 것을 아신다. 그래서 홀로 남은 야곱에게 찾아오셨고 당신에게도 찾아오실 것이다.

당신이 홀로 남아 외로운 시간을 보내고 어둠과 적막한 밤을 맞이하고 있다면, 그때가 하나님을 만날 수 있는 은혜의 시간임을 기억하라.

당신의 환도뼈가 부러져야 한다

야곱은 홀로 남았더니 어떤 사람이 날이 새도록 야곱과 씨름하다가(창 32:24).

홀로 있던 야곱에게 누군가 갑자기 덤벼들었다. 야곱은 처음부터 하나님인 줄 알지 못했다. 두려움에 떨고 있는데 갑자기 나타나더니 싸움을 거는 것이다. 죽이려고 했다.

야곱은 이렇게 생각했을 것이다.

'에서가 나를 죽이려고 자객을 보냈구나.'

그래서 야곱은 죽기 살기로 싸움을 한 것이다(이런 상황을 영적으로 해석하지 마라). 홀로 남았는데 하나님이 갑자기 빛처럼 나타나셔서 "나는 하나님이라. 너는 내 앞에 무릎 꿇어라. 이 땅은 거룩한 곳이니 신발을 벗어라" 하고 말씀하셨을까? 두려움에 떨고 있는데 갑자기 나타나 죽이려고 하는 사람을 하나님이라고 생각했을까?

하나님은 야곱에게 나타나셔서 "나 하나님이다. 나하고 씨름 한판 하자"라고 말씀하지 않으셨다. 갑자기 덤벼든 그 사람과 야곱은 죽기 살기로 싸웠다. 하나님은 이런 야곱을 이길 수 없다고 판단하셨다. 그래서 야곱의 환도뼈를 쳐서 부러뜨리셨다.

당신은 이것을 알아야 한다. 당신이 아무리 고집 세고 기세가 당당해도 하나님을 이길 수는 없다. 야곱은 정말 고집이 셌다. 그는 자신의 힘을 믿고 죽기 살기로 싸운 사람이다. 한마디로 자기가 제일 똑똑하고 잘났다고 믿는 사람이었다.

그런데 그 야곱이 하나님 앞에 무릎 꿇었다. 왜? 하나님께서 환도뼈를 치셨기 때문이다. 당신이 아무리 잘났어도, 하나님 앞에 고집을 부려도 결국 하나님께서 이기신다.

환도뼈가 부러져서 힘을 못 쓰게 되었을 때 야곱은 자신과 싸우던 사람이 하나님이신 것을 알게 되었다. 이것을 알고 야곱은 하나님의 축복을 구하기 위해 하나님을 붙잡았다.

"하나님, 절 축복하시기 전에는 못 가십니다."

환도뼈가 부러져서 힘이 없는데 붙잡았으면 얼마나 힘 있게 잡았겠는가? 야곱은 힘 있게 붙잡지 못했다. 힘이 빠졌다. 붙들 힘도 없었다. 하지만 연약한 힘으로 하나님을 붙들어도 하나님께서는 붙잡혀주신다. 그리고 그것을 원하신다. 바로

이 순간이 야곱이 이스라엘이 되는 역사적인 순간이다.

하나님만 붙잡고 복을 구할 때 야곱에서 이스라엘로 변화될 수 있다는 것을 기억하라. 언제 야곱에서 이스라엘이 되는가? 하나님만 붙잡고 하나님께 복을 구할 때이다. 야곱은 그 순간에 알았다.

'하나님을 붙잡아야 되는구나. 하나님 능력을 의지해야 되겠구나. 이제 내 힘과 능력으로 할 수 있는 것은 아무것도 없구나. 하나님께서 도와주셔야 되는구나. 전능하신 하나님, 제게 복을 주세요. 절 좀 도와주세요.'

야곱은 이렇게 하나님을 붙들었다. 당신도 동일하다. 하나님께서 당신의 환도뼈를 치셔서 부러뜨려야 무릎 꿇을 수 있다. 당신의 힘으로 모든 것을 다 할 수 있다고 믿는 교만과 고집의 환도뼈가 부러져야 이스라엘이 될 수 있다.

하나님을 믿지 못하고 사람 때문에 두려워하며 피하고 도망가는 당신의 불신과 교만의 환도뼈가 부러져야 된다. 문제 앞에서 기도하지 못하고 도망만 다니는, 두려움의 환도뼈가 부러져야 야곱에서 이스라엘이 될 수 있다.

늘 머리를 굴리고 내 생각과 방법대로 문제를 해결하려고 하는, 기도하지 않고 하나님보다 앞서가는 영적 교만함의 환도뼈를 하나님께서 부러뜨리셔야 이스라엘이 될 수 있다.

진짜 복이 뭔지 아는가? 머리가 똑똑한 게 복일까? 건강하게 사는 것이 복일까? 돈 많은 것이 진짜 복일까? 머리가 너무 똑똑하기 때문에 하나님을 붙잡지 않는다면, 가진 게 너무 많고 너무 건강하기 때문에 하나님을 붙잡지 않고 산다면, 그건 복이 아니다.

무식하고 가진 것이 없어도 하나님을 붙잡고 사는 인생은 결국 잘 살게 된다. 진짜 성공은 내가 공부를 많이 하고 아는 것이 많아서 자신감으로 충만한 게 아니다.

건강하기 때문에 돌아다니면서 할 것 안 할 것 다 하면서 하나님을 붙들지 않는 사람들이 있다. 몸에 병이 들었어도 진심으로 하나님을 붙들고 사는 인생이라면 그것이 진짜 잘 사는 것이 아닐까?

돈이 너무 많기 때문에 "세상에 돈 가지고 안 되는 것이 어디 있어? 돈이 최고야"라고 말하는 것이 진짜 복일까? 가난하지만 필요할 때마다 "주님, 도와주세요"라고 기도하면서 하늘의 기적을 체험하는 사람이 진짜 복을 받은 사람이다. 진짜 복을 받은 사람은 '가진' 사람이 아니라 '믿는' 사람이다.

"하나님만 믿습니다."

그런 경지까지 올라가려면 당신의 환도뼈가 부러져야 한다. 인간은 환도뼈가 깨져야 하나님을 붙잡는다. 부러지지 않으려고 발버둥치면서 하나님을 붙잡지 않는 것은 인간의 죄성이다.

야곱은 자신의 환도뼈가 부러진 장소를 '브니엘'이라고 이름 지었다. 브니엘은 '하나님의 얼굴'이라는 뜻이다. 다시 말해 하나님을 만나서 환도뼈가 부러진 장소가 바로 브니엘이다. 하나님께서는 당신에게도 브니엘을 허락하신다.

지금 당신이 눈물 흘리는 그 장소, 당신이 너무 힘들어서 부르짖고 있는 그 장소, 너무 아파서 고통스러워하는 그 장소가 바로 하나님께서 내게 찾아오셔서 환도뼈를 부러뜨리시고 나를 변화시키시는 브니엘이다.

그가 브니엘을 지날 때에 해가 돋았고 그 환도뼈로 인하여 절었더라(창 32:31).

새벽이 되었다. 밤새도록 하나님과 씨름했다. 씨름해서 이겨보려고 했는데, 죽기 살기로 덤벼들었는데 하나님께서 환도뼈를 치셔서 고꾸라졌다.

그때 하나님이 보였다. 환도뼈가 부러지니까 하나님이 보인다. 하나님을 보지 못했다고 말하는 당신은 아직도 환도뼈가 부러지지 않았다.

야곱이 "하나님! 절 축복해주세요"라고 붙드니까 하나님께서 물으셨다.

"네 이름이 무엇이냐?"

"야곱입니다."

모르셔서 물으셨을까? 하나님께서는 아셨지만 물으셨다. 야곱의 이름은 '남의 뒷다리 잡는 사람, 자신의 머리로 사는 사람, 자신이 원하는 건 수단과 방법을 가리지 않고 다 가진 사람'이라는 뜻이다.

이런 야곱의 고백에 하나님께서는 말씀하셨다.

"이제 넌 야곱이 아니다. 넌 이제부터 이스라엘이다."

이스라엘이 무슨 뜻인가? '하나님과 겨루어 이겼다'는 것이다. 지금 네가 나와 죽기 살기로 씨름했던 것처럼 앞으로 문제나 어려움이 있거든 내 앞에서 이렇게 기도하라는 것이다. 하나님만 붙들고 살면서 하나님의 축복을 구하는 이스라엘이 되라는 것이다.

그리고 새벽이 되었다. 해가 돋을 때 야곱은 부러진 환도뼈로 인하여 절었다. 환도뼈가 부러졌으니 저는 것은 당연하다. 야곱에게 상처와 아픔은 남았다.

그러나 그것은 영광의 상처, 기쁨의 아픔이다. 이 아침은 새로운 아침이다. 은혜받은 아침이고 이전 것은 지나가고 새로운 은혜가 주어진 아침이다. "옛 것은 지나갔으니 보라 새 것이 되었노라"고 선포할 수 있는 새 아침이 되었다.

세상 사람들 눈에는 환도뼈가 부러지는 것이 망하는 일이지만 믿는 자들에게는 환도뼈가 부러지는 것이 축복이다. 당신의 환도뼈는 부러져야 된다. 그래야 주님만 의지하고 야곱이 이스라엘로 될 수 있다.

이메일을 계속 보내던 한 집사님이 있었다. "선교사님, 재정이 어려워요. 왜 재정이 끊어졌나요? 어떡하면 좋아요?"라고 물으신다. 나는 어떤 상황인지 자세히 몰라 답장을 보낼 수가 없었다. 그래서 답을 계속 미루고 있었다.

그런데 다시 이메일이 왔다. 돈 믿지 말고 하나님만 믿으라는 나의 설교 방송을 듣고 이제야 알았다고 하셨다. 자기가 도우미 일로 하루를 일해서 하루를 먹고 사는데, 너무 사는 게 힘들고 피곤해서 늘 "주여"를 부르짖고 "나 좀 도와주세요"라고 기도했는데, 이번 주 방송을 듣고 이렇게 기도가 바뀌었단다.

"하나님, 돈줄 끊어주셔서 감사하고 도우미 자리라도 주셔서 감사합니다. 저는 이제부터 돈 안 믿고 하나님만 믿겠습니다."

하나님께서는 그러한 고백을 원하신다. 돈을 붙잡는 환도뼈가 깨져야 하나님의 진정한 복을 받고 살 수 있기 때문이다.

쉬지 말고 기도하라는 뜻이 무엇일까? 정말 24시간 동안 쉬지 말고 계속 기도하라는 얘기일까? 아니다. 매 순간마다 하나님만 붙들고 살라는 것이다.

당신에게는 강력한 무기가 있다. 당신의 머리와 능력보다 더 뛰어난 하나님의 능력이 그것이다. 그 능력은 기도가 있어야 사용 가능하다. 당신의 기도는 하나님을 감동시킨다.

하나님을 감동시키면 하늘 문이 열린다. 기도할 수 있는데 왜 염려하는가? 기도할 수 있는데 왜 걱정하는가? 기도할 수 있는데 왜 우는가?

더 깊은 묵상을 위하여

1 당신은 하나님의 기적을 체험한 적이 있는가? 기도로 문제를 해결한 일들이 있다면 적어보기 바란다.

2 당신은 문제를 해결하지 못해 무능하다고 느낀 적이 있는가? 그때 당신은 어떤 행동을 취했는가?

3 당신은 교만한 사람이라고 느끼고 있는가? 왜 그렇다고 생각하는가? 그리고 교만이 깨지기 위해 당신이 해야 할 일은 무엇인가?

4 당신은 지금까지 살아오면서 언제 간절히 기도했는가?

5 당신에게 기도는 무엇인가? 기도에 대한 당신의 정의를 적어보라.

네 자손이 땅의 티끌같이 되어 네가 서쪽과 동쪽과
북쪽과 남쪽으로 퍼져 나갈지며 땅의 모든 족속이
너와 네 자손으로 말미암아 복을 받으리라

창 28:14

chapter
04

벧엘로 돌아간

야곱

인류 최초의 거짓말은 사단의 거짓말이었다. 사단으로부터 거짓말이 시작되었다. 사단의 거짓말을 인간이 믿었고 그 말대로 행한 인간은 죄를 범하게 되었다. 그리고 범죄의 대가는 하나님과의 관계를 분리시키는 아픔을 겪게 만들었다. 결국 하나님과의 관계가 깨지게 된 것이다.

"뱀이 여자에게 이르되 너희가 결코 죽지 아니하리라 너희가 그것을 먹는 날에는 너희 눈이 밝아져 하나님과 같이 되어 선악을 알 줄 하나님이 아심이니라"(창 3:4~5).

이것이 사단의 첫 번째 거짓말이었다. 인간이 하나님처럼 전능하고 위대한 존재가 될 수 있다는 것이다. 인간은 그 말을 믿었다. 기억하라. 당신과 나는 연약한 피조물이다. 인간은 절대로 하나님처럼 될 수 없다. 하나님이 없으면 살 수 없는, 연약하고 무능하며 무지한 존재가 바로 인간이다.

아무리 자신이 잘났다고 발버둥치고 외쳐도 죽음 앞에서는 잠잠해질 수밖에 없는 연약한 존재다. 하나님처럼 될 수 있다는 사단의 말은 거짓말로 판명났다. 그런데도 여전히 사단의 거짓말을 믿고 사는 사람들이 많다.

요즘 가장 인기 있는 책은 성공하는 방법과 부자 되는 길을 가르쳐주는 책들이다.

'긍정적인 사고를 가져라. 당신의 능력을 믿어라. 당신은 위대한 존재다. 당신은 마음만 먹으면 무엇이든지 다 할 수 있는 인간이다.'

이것이 대부분의 책에서 말하는 성공하고 부자가 되는 공통된 원리와 가르침이다. 결론은 무엇인가? 인간은 위대하고 큰 능력이 있다는 것이다.

그러나 인간은 절대로 위대하지 않다. 능력도 없고 힘도 없다. 5분 후에 어떤 일이 벌어질지 아무도 예상하지 못한다. 내일 어떻게 될지 아무도 모른다. 병에 걸리면 앓아누울 수밖에 없는 존재가 인간이다. 늙는 것을 막지 못하고 반드시 죽음을 맞이해야 하는 것이 인간이다.

당신이 잘났으면 얼마나 잘났는가? 쉽게 말하면 잘난 것이 하나도 없다. 잘난 것이 하나도 없으면서 잘난 척한다. 그리고 "난 모든 걸 다 할 수 있어"라고 믿고 외치고 다닌다.

당신과 나는 모든 걸 다 할 수 없다. 그러나 모든 것을 할 수 있는 방법이 있다. 당신과 내게 능력 주시는 분, 전능하신 하나님을 만나는 것이다. 하나님의 전능하심을 믿는 사람은 자기 자신을 자랑하거나 잘난 척하지 않는다. 자신의 무능함을 알기 때문이다.

자신의 돈과 명예, 그리고 학벌을 자랑하지도 않는다. 어떤 일을 하든 내 능력과 힘으로 되는 일이 없다는 것을 알고 믿기 때문에 겸손할 수밖에 없다. 그래서 모든 영광을 하나님께 돌린다. 모든 일에 기도와 간구로 감사하고 하나님께 구하기 때문에 염려하거나 두려운 마음이 없다. 오히려 골리앗 앞에서도 당당하다.

하나님의 평강이 우리의 생각과 마음을 지키신다는 것을 알기 때문에 일이 생기면 무릎 꿇고 기도를 한다. 또한 합력하여 선을 이루시는 하나님을 믿기 때문에 기뻐한다. 그래서 모든 사람은 하나님을 붙들어야 인생이 바뀐다.

야곱이 이스라엘로 바뀐 것은 야곱의 능력이 아닌 하나님의 능력이다. 야곱을 이스라엘로 바꾸신 하나님은 당신의 인생도 바꿔주신다. 당신의 힘과 능력으로는, 문제 있고 절망하는 인생을 절대로 못 바꾼다. 마음먹는다고 될까? 결심한다고 될까?

"I can do it"을 천만 번 외친다고 인생은 바뀌지 않는다. 그러나 당신의 인생에는 소망이 있다. 당신의 인생 중 가장 탁월한 결정은 하나님을 믿기로 한 것이다.

야곱이 이스라엘로 성장하고 성숙하는 과정을 보면서 당신이 하나님에 대해서 배워야 할 중요한 몇 가지가 있다.

하나님께서는 당신을 절대로 포기하지 않으신다

야곱은 준비되지 않았지만 하나님은 선택하셨고 축복도 약속하셨다. 야곱이 뛰어난 믿음과 탁월한 성품을 소유한 준비된 그릇이었기 때문에 야곱을 택하시고 그에게 축복을 약속하신 것이 아니다. 하나님께서는 준비되지 않은 그릇도 택하시고 축복을 약속해주신다.

오늘날 많은 사람들은 하나님께서 준비된 그릇을 쓰신다고 말한다. 준비된 그릇은 내가 스스로 만들지 못한다. 하나님께서 당신을 쓸 만한 그릇으로 만들어주셔야 준비된 그릇이 되는 것이다. 하나님은 준비되지 못하고 여전히 문제가 많은 당신을 선택하셔서 축복을 약속해주시고 훈련시키신다.

그래서 축복을 감당할 만한 그릇으로 만들어주신다. 당신과 나는 아직 준비된 그릇이 아니다.

예수님께서 베드로를 제자로 선택하실 때 그가 준비된 사람이고 훈련된 사람이기 때문에 택하신 것이 아니다. 일방적으로 베드로를 택하셨다. 그리고 사람 낚는 어부로 만들겠다고 약속하셨다. 베드로의 힘과 능력으로만 사람 낚는 어부가 되는 것이 아니라 하나님께서 만들어주셔야 했다.

당신이 당신 스스로를 변화시키려고 애쓰지 마라. 분명한 것은 당신이 준비되고 훈련된 사람이 아닌데도 불구하고 하나님은 당신을 선택하셨고 당신을 쓰시기 위해 준비하신다.

야곱이 외삼촌 라반의 집으로 가기 전에 하나님께서는 야곱에게 약속하셨다.

내가 너와 함께 있어 네가 어디로 가든지 너를 지키며 너를 이끌어 이 땅으로 돌아오게 할지라 내가 네게 허락한 것을 다 이루기까지 너를 떠나지 아니하리라 하신지(창 28:15).

이 말씀이 당신과 나를 향하신 하나님의 약속이다. 하나님께서는 오늘도 당신과 함께 계실 뿐 아니라 당신을 훈련시키셔서 준비된 그릇이 되게 하신다.

한마디로 그분은 당신을 책임지신다. 하나님은 광야 훈련을 통해 당신을 이스라엘이 되게 하신다. 몇 년이 걸리든 몇십 년이 걸리든 상관없이 당신에 대한 훈련을 포기하지 않으시고 결국 축복의 그릇으로 만드신다.

하나님 사전에는 포기라는 단어가 없다. 하나님께서는 절대로 포기하지 않으신다. 하나님은 야곱을 20년 동안 훈련시키면서 단 한 번도 포기하신 적이 없다.

교묘한 방법으로 형 에서의 장자 권리를 사고 형을 속여서 아버지의 축복을 빼앗은 야곱은 형을 두려워해 외삼촌 라반의 집으로 도망갔다. 야곱은 기도하지 않고 자신의 머리와 능력을 믿는 자기 자신의 문제를 발견했어야 했다.

그러나 그는 기도 없이 결혼을 결정하고 자기보다 뛰어난 라반으로 인해 무려 20년간이나 무임금의 노동을 한다. 물론 극적인 반전으로 많은 가축을 소유한 부자가 되기는 하지만, 라반을 두려워한 나머지 도망가는 인생이 될 수밖에 없었다.

사람을 두려워하고 기도하지 못하는 것이 야곱의 모습이다. 그는 20년 만에 만나는 형 에서의 마음을 물질로 풀려고 시도한다. 그러나 결국 변화되어 이스라엘이 되었다.

사람은 단숨에 변하는 것이 아니라 날마다 깨져서 변화되는 것이다. 하나님께서는 당신을 절대로 포기하지 않으신다. 당신의 환도뼈를 부러뜨려서라도 변화시키신다. 그런 하나님의 능력을 믿으라. 하나님은 전능하신 분이다.

훈련을 받아도 변화되지 않는 모습으로 힘들고 어려운가? 미안한 말이지만 당신은 아직도 갈 길이 멀었다. 당신은 아직도 어리다. 당신이 인생을 살았으면 얼마나 살았겠는가? 40대가 되었다고 인생을 다 살았다고 생각하는가? 당신에게는 아직도 변화되지 않은 많은 것들이 있다. 목사가 되고 사역자가 된다고 해서 변화된 인생으로 사는 것이 아니다.

너무 빠른 성장과 성숙을 기대하지 마라. 당신은 아직 젊고 갈 길이 멀다. 그러나 지금, 당신 눈에는 보이지 않아도 당신은 소리 없이 깨지는 중이다. 날마다 변화되고 성장하고 있다. 당신의 성장과 변화가 더디다고 하나님께서 포기하실까?

사람들은 "너 그렇게 살면 하나님께서 너를 버리신다"라고 말한다. 정말 그럴까? 그렇다면 베드로는 사람 낚는 어부가 될 수 없었다. 실수와 문제가 있어도 하나님께서는 끝까지 포기하지 않으신다. 그래서 당신을 귀하게 사용되는 그릇으로 만드신다.

"너는 죄를 지었으니 더 이상 내 자식이 아니야"라고 말하는 부모의 마음은 진심이 아니다. 죄를 지었는가? 하나님이 용서 못하실 죄는 없다. 2천 년 전에 예수 그리스도께서 십자가에 못 박혀 피 흘리셨다. 당신이 그 예수님을 믿는다면 이미 2천 년 전에 흘리신 예수님의 피가 당신을 깨끗하게 했다. 그렇기 때문에 당신의 인생은 소망이 있다.

하나님께서 당신과 나를 포기하지 않으시는 이유는 당신과 내가 하나님의 피조물이기 때문이다. 아무리 죄를 지었어도 하나님께서 지으신 하나님의 자식이다. "이 마귀의 자식아"라고 사람을 저주하는 경우가 있다. 마귀의 자식은 단 한 명도 없다. 마귀가 어떻게 사람을 창조할 수 있는가?

호세아 선지자는 소위 말하는 음란한 여자 고멜과 결혼을 했다. 그러나 고멜이 호세아와 결혼한 뒤에 집을 떠나 음행을 했어도 하나님은 다시 데려와서 살도록 명령을 하신다. 이것은 죄를 범한 인간을 향하신 하나님의 사랑이 절대로 포기하지 않음을 보여주신 것이다. 우리를 향한 놀라운 사랑이다.

이런 하나님을 믿어라. 하나님은 여전히 문제 있고 흠이 있는 당신을 붙잡고 계신다. 그래서 당신의 인생은 소망이 있고 가능성이 있다. 야곱을 포기하지 않으시고 결국 이스라엘로 만들어주신 하나님의 은혜가 당신에게 있기를 소원한다.

하나님께서는 당신의 깨진 관계를 회복시키신다

하나님은 깨진 관계를 꼭 회복시키신다. 하나님은 깨진 관계 복원 전문가이시다. 야곱은 20년 동안이나 함께 살던 라반을 무서워해 그에게서 도망쳤다. 라반은 자신의 외삼촌이자 장인이었다.

야곱이 도망친 것을 안 라반은 화가 났다. '이놈, 잡히면 가만 안 놔둔다'라는 심정으로 쫓아가는데, 하나님께서 그의 꿈속에 나타나셔서 야곱을 건드리지 말라고 하셨다. 그래서 라반은 결국 야곱을 축복해주며 떠나보낸다.

하나님은 라반과 야곱의 관계가 깨진 채로 남겨 두신 것이 아니라 외삼촌과 조카, 그리고 장인과 사위 관계로 남아 있도록 관계를 원상 복구시켜주셨다.

야곱은 자기 형을 속였고 화난 형을 피해 무려 20년간이나 도망가 있었다. 야곱에게 있어 형 에서는 두려운 존재였다.

'내가 형을 속여 축복과 장자의 권리를 뺏어왔는데 형이 나를 살려둘까? 아마 죽일지도 몰라.'

이런 마음으로 20년 동안 살았다. 야곱에서 이스라엘로 변화되었다면 자기 발로 형 에서를 찾아가야만 한다. 하나님은 당신을 변화시키셔서 당신의 발로 당당하게 걸어가기를 원하신다. 두렵고 답답한 그 관계 가운데로 먼저 찾아가기를 원하신다.

하나님께서는 야곱의 환도뼈를 쳐서 부러뜨리셨다. 야곱의 두려움과 교만이 깨져 나간 것이다. 야곱은 하나님을 믿고 형 에서에게 나아갔다.

에서가 달려와서 그를 맞이하여 안고 목을 어긋맞추어 그와 입맞추고 서로 우니라(창 33: 4).

야곱은 형 에서가 자신을 죽일지도 모른다는 두려움에 사로잡혀 있었다. 그런데 에서가 먼저 달려오더니 안고 입을 맞추며 울기 시작했다. 20년 전에 야곱을 죽이겠다고 말하던 에서가 아니었다.

에서는 달라졌다. 그러나 진실은 형 에서가 변한 게 아니라 야곱이 변한 것이다. 형을 두려워해서 20년 동안이나 찾아가지 못하던 야곱이, 하나님의 사람이 되어서 자신의 문제를 깨닫고 찾아왔기에 형 에서가 달라 보인 것이다.

진리는 이것이다. 주변 사람들이 변한 것이 아니라 당신이 변하는 것이다. 예수님을 믿고 난 이후에 이런 경험을 해봤는가? 예전에는 산을 봐도, 꽃을 봐도 감동이 없었는데 은혜를 받고 보니 〈주 하나님 지으신 모든 세계〉라는 찬송이 나온다. 꽃이 아름다워 보인다. 예전에는 강을 보면 '저기에 빠져 죽을까'라고 생각했는데, 이제는 강이 아름다워 보인다. 강이 변한 것이 아니라 당신이 변한 것이다.

나는 한 달에 한 번씩 설교하는 교회가 있다. 그곳에는 교회를 다닌 지 1년도 안 된 신자가 한 분 있는데 참 순수하게 믿으신다. 그 교회는 10대를 위한 교회라 어른들은 많이 없다. 하지만 그분은 꼭 앞자리에 오셔서 손 들고 찬양을 하신다. 참 착하고 순수하다. 하루는 식사를 하는데 이렇게 말씀하셨다.

"선교사님, 예수님 믿으니까 세상에서 제일 예뻐 보이는 여자가 누구인 줄 알아요? 우리 아내예요. 세상에서 제일 예뻐요. 해주는 것도 다 맛있고요."

자신의 아내가 아름답게 변한 것이 아니라 자신의 마음과 눈이 변화된 것이다. 하나님은 에서가 아닌 야곱을 변화시키시기 원하신다. 당신이 변화되면 세상은 달라진다. 모든 관계에서 어려움을 겪으면 주변 사람 탓으로 돌리지 말고 먼저 당신이 변화하라. 그러면 깨진 관계가 회복된다.

하나님께서는 당신을 벧엘로 돌아오게 하신다

야곱은 에서를 피해 외삼촌 라반의 집으로 가는 중에 벧엘에서 하나님께 축복의 말씀을 받는다. 그때 야곱은 하나님께 약속한 것이 있다.

내가 평안히 아버지 집으로 돌아가게 하시오면 여호와께서 나의 하나님이 되실 것이요 내가 기둥으로 세운 이 돌이 하나님의 집이 될 것이요 하나님께서 내게 주신 모든 것에서 십분의 일을 내가 반드시 하나님께 드리겠나이다 하였더라(창 28:21~22).

야곱은 자신의 고백대로 아버지 집으로 돌아오게 되었다. 그는 벧엘로 돌아가서 해야 할 일이 있었다. 자신이 세운 돌기둥을 기억하고 하나님의 집을 지어야 했다. 그러나 그는 곧바로 벧엘로 가지 않고 숙곳에 정착한다.

야곱은 숙곳에 이르러 자기를 위하여 집을 짓고 그의 가축을 위하여 우릿간을 지었으므로 그 땅 이름을 숙곳이라 부르더라(창 33:17).

거기서 끝나지 않고 야곱은 세겜 성읍에 있는 땅까지 사들이고 그곳에서 제단을 쌓고 하나님을 예배한다.

야곱이 밧단아람에서부터 평안히 가나안 땅 세겜 성읍에 이르러 그 성읍 앞에 장막을 치고 그가 장막을 친 밭을 세겜의 아버지 하몰의 아들들의 손에서 백 크시타에 샀으며 거기에 제단을 쌓고 그 이름을 엘엘로헤이스라엘이라 불렀더라(창 33:18~20).

야곱이 머물러야 하는 곳은 숙곳이 아닌 벧엘이다. 사람은 자기가 있어야 할 곳에 있어야 하고 그곳에서 하나님을 예배해야 한다. 벧엘은 야곱이 하나님을 만난 장소다. 그리고 하나님께 약속을 받고 자신도 하나님께 서원한 땅이다. 하나님께 약속한 대로 벧엘로 돌아가서 제단을 쌓고 하나님을 예배해야 한다.

그러나 에서와의 문제가 해결된 야곱은 하나님과의 약속을 잊어버리고 숙곳에 정착하려고 한다. 문제가 생길 때 하나님께 해결해달라고 기도하는 것이 우리의 일반적인 모습이다. 문제를 해결해주시면 자신이 어떻게 살고 어떤 일을 할 것인지를 약속하고 서원한다. 그러나 대부분의 사람들이 자신의 약속을 잊어버리거나 무시한다.

야곱의 훈련은 끝나지 않았다. 그는 하나님께 약속한 대로 자신이 예배할 땅으로 돌아가서 하나님을 예배해야 한다. 결국 야곱은 이 일에 대해 기도하지 않았고 오히려 무시했다. 그리고 자신의 딸이 그곳 추장에게 강간당하는 끔찍한 일을 겪는다.

그러나 일은 여기서 끝나지 않았다. 야곱의 아들들이 자신의 여동생을 강간한 자들을 다 죽인 것이다. 야곱은 다시 두려움에 사로잡힌다.

야곱이 시므온과 레위에게 이르되 너희가 내게 화를 끼쳐 나로 하여금 이 땅의 주민 곧 가나안 족속과 브리스 족속에게 악취를 내게 하였도다 나는 수가 적은즉 그들이 모여 나를 치고 나를 죽이리니 그러면 나와 내 집이 멸망하리라(창 34:30).

하나님을 온전하게 신뢰하지 못하고 사람을 두려워하는 연약한 야곱의 모습이다. 그러나 이 사건은 약속을 지키지 않은 야곱에게 내리시는 하나님의 형벌이 아니다. 야곱은 자신에게 생긴 어려운 일을 통해 하나님의 음성을 다시 듣게 되고 벧엘로 돌아가기로 결정한다(창 35:1).

사람은 자신에게 어려운 일과 힘든 일이 생길 때 비로소 자신의 문제를 깨닫고 하나님의 음성에 민감하게 반응한다. 어렵고 힘든 일이 생겼을 때 하나님의 음성을 듣고 그분의 뜻을 깨달을 수 있다면 그것은 오히려 축복이고 은혜이다. 그러나 문제에만 집중하고 자신의 힘으로 해결하려고 하면 문제는 더 심각해진다.

지금 당신에게 힘들고 어려운 일이 생겼다면 귀를 기울여서 하나님의 음성을 들어야 한다. 그리고 벧엘로, 하나님을 만나고 음성을 들었던 그곳으로 돌아가야 한다.

하나님께 헌신하고 결심했던 벧엘로 돌아가서 주를 섬기고 예배하는 것이 당신의 사명이다. 그곳이 당신이 있어야 할 곳이다. 하나님은 당신이 있어야 할 곳에서 하나님을 예배하고 섬기는 자가 되기까지 훈련시키시는 것이다.

더 깊은 묵상을 위하여

1 하나님께서 당신을 붙들고 계시다는 확신을 가지고 있는가? 왜 하나님은 당신을 포기하지 않는다고 생각하는가?

2 당신은 아직도 해결하지 못하는 관계가 있는가? 관계가 어려워진 이유는 무엇이라고 생각하며, 그 관계를 회복하기 위해 당신이 해야 할 일은 무엇인가?

3 당신은 하나님께 서원한 일이 있는가? 그 약속을 지키기 위해 당신은 노력하고 있는가?

4 당신에게는 반드시 돌아가야 할 벧엘이 있는가? 있다면 어디인가?

5 당신은 갑자기 생긴 어렵고 힘든 일을 통하여 하나님의 뜻을 깨달은 적이 있는가? 있다면 적어보라.

이스라엘이 요셉에게 또 이르되 나는 죽으나

하나님이 너희와 함께 계시사 너희를 인도하여

너희 조상의 땅으로 돌아가게 하시려니와

창 48:21

chapter
05

이스라엘로 변화된

야곱

나의 아버지는 크리스천이 아니셨다. 절에 다니지도 않으면서 불교를 믿는다고 말씀하시는 분이셨다. 음주와 흡연을 즐기셨고 성격도 다혈질에 고집이 있으신 분이셨다. 또한 어머니께 폭력적이셨다.

이런 아버지가 변화되리라고는 아무도 상상하지 못했다. 그러나 아버지는 예수님을 믿게 되셨고 지금은 교회생활에 참 열심이시다. 술과 담배도 끊고 성격도 많이 변하셨다.

사람은 반드시 변화될 수 있다. 하나님께서는 야곱과 같은 당신을 반드시 변화시키셔서 이스라엘이 되게 하신다. 야곱은 분명 이스라엘로 변화되었다. 이름만이 이스라엘이 아닌 그의 삶이 이스라엘이 되었다.

사람은 시작도 중요하지만 끝이 더 중요한 법이다. 청년의 때도 좋아야 하지만 노년은 더 좋아야 한다. 오늘보다 내일이 더 중요하다. 오늘은 문제와 어려움이 있다고 해도 내일은 아름답게 변화된 인생으로 살아야 한다. 오늘을 살아가는 나의 모습이 내일의 모습이 되어서는 안 된다.

야곱의 시작은 광야였고 훈련이었지만 그는 아름답고 근사한 하나님의 사람, 이스라엘로 변화되었다. 믿음으로 사는 것, 이스라엘로 변화된 것처럼 당신 인생도 오늘보다 더 나은 모습으로 변화되어야 한다. 그러나 변화는 자신의 힘과 노력으로 되는 것이 아니다. 만약 당신의 노력으로 변화되려고 애쓴다면 실패하고 좌절할 것이다. 하나님께서 나를 변화시키고 성숙시키신다는 것을 알아야 한다. 변화되기를 소원하고 기도한다면 하나님께서는 당신의 삶을 책임지실 것이다.

"그러므로 우리가 낙심하지 아니하노니 우리의 겉사람은 낡아지나 우리의 속사람은 날로 새로워지도다"(고후 4:16).

무릎으로 기도한다면 누구든지 이스라엘로 변화될 수 있다. 하나님은 그렇게 말하시고 당신이 행동하길 바라신다.

그는 하나님의 음성을 듣고 순종하는 자가 되었다

야곱은 벧엘로 돌아가서 정착하여 단을 쌓으라는 하나님 말씀에 즉시 순종한다. 자신만 순종하는 것이 아니라 자신과 함께한 모든 사람에게 이방 신상을 버리고 하나님을 위해 살자고 권면한다.

> 야곱이 이에 자기 집안 사람과 자기와 함께한 모든 자에게 이르되 너희 중에 있는 이방 신상들을 버리고 자신을 정결하게 하고 너희들의 의복을 바꾸어 입으라 우리가 일어나 벧엘로 올라가자 내 환난 날에 내게 응답하시며 내가 가는 길에서 나와 함께하신 하나님께 내가 거기서 제단을 쌓으

려 하노라 하매 그들이 자기 손에 있는 모든 이방 신상들과 자기 귀에 있는 귀고리들을 야곱에게 주는지라 야곱이 그것들을 세겜 근처 상수리나무 아래에 묻고 그들이 떠났으나 하나님이 그 사면 고을들로 크게 두려워하게 하셨으므로 야곱의 아들들을 추격하는 자가 없었더라(창 35:2~5).

전에는 하나님의 뜻을 물으며 기도하기보다 자신의 생각과 뜻대로 결정하고 움직이던 야곱이었다. 자신의 머리로 형의 장자 권리를 사오고 아버지의 축복을 가로챘던 야곱이었다. 결혼도 자신의 뜻대로 추진했다.

그러나 야곱은 하나님의 음성을 듣고 순종하는 사람이 되었다. 그뿐만 아니라 주변 사람들에게까지 하나님을 따르고 예배하도록 권면하고 이끌어갔다.

사람들은 하나님이 자신에게 말씀하시지 않는다고 생각한다. 말씀하시지 않는 것이 아니라 듣지 못하는 것이다. 당신의 고집과 교만이 하나님의 음성 듣기를 거부하는 것이다. 그러나 지금 당신의 교만은 깨지고 고집은 꺾이고 있다. 당신도 하나님의 음성을 듣고 그분의 뜻에 순종하는, 이스라엘이 되는 날이 반드시 온다.

야곱은 요셉의 자녀들을 축복할 때도 자신의 뜻에 따라 축복하는 것이 아니라 하나님의 뜻에 따라 한다. 자신의 오른손을 요셉의 장자인 므나셋이 아닌 에브라임의 머리에 얹고 축복한다.

이때 야곱은 나이로 인해 눈이 어두워서 보지 못하는 상황이었다. 당연히 오른손은 장자인 므나셋의 머리에 있어야 하는데 그렇지 않은 것을 안 요셉은 아버지가 실수하시는 줄 알고 손의 위치를 바꾸려고 한다.

이스라엘이 오른손을 펴서 차남 에브라임의 머리에 얹고 왼손을 펴서 므낫세의 머리에 얹으니 므낫세는 장자라도 팔을 엇바꾸어 얹었더라 그가 요셉을 위하여 축복하여 이르되 내 조부 아브라함과 아버지 이삭이 섬기던 하나님, 나의 출생으로부터 지금까지 나를 기르신 하나님, 나를 모든 환난에서 건지신 여호와의 사자께서 이 아이들에게 복을 주시오며 이들로 내 이름과 내 조상 아브라함과 이삭의 이름으로 칭하게 하시오며 이들이 세상에서 번식되게 하시기를 원하나이다 요셉이 그 아버지가 오른손을 에브라임의 머리에 얹은 것을 보고 기뻐하지 아니하여 아버지의 손을 들어 에브라임의 머리에서 므낫세의 머리로 옮기고자 하여 그의 아버지에게 이르되 아버지여 그리 마옵소서 이는 장자이니 오른손을 그의 머리에 얹으소서 하였으나 그의 아버지가 허락하지 아니하며 이르되 나도 안다 내 아들아 나도 안다 그도 한 족속이 되며 그도 크게 되려니와 그의 아우가 그보다 큰 자가 되고 그의 자손이 여러 민족을 이루리라 하고(창 48:14~19).

야곱이 "나도 안다"라고 고백하는 것은 자신의 실수를 안다는 것이 아니다. 하나님의 뜻을 알고 있기에 자신의 오른손을 에브라임에게 얹은 것이라는 것이다.

그의 육신의 눈은 어두워지고 있었지만 영의 눈은 더 밝아지고 있었다. 하나님을 믿는 당신의 겉모습은 날로 퇴보하지만 속은 날로 새로워지고 있다.

그러므로 우리가 낙심하지 아니하노니 우리의 겉사람은 낡아지나 우리의 속사람은 날로 새로워지도다(고후 4:16).

그는 전능하신 하나님을 믿는 자가 되었다

야곱은 자신의 뛰어난 머리와 능력을 믿던 사람이었고 형 에서와 외삼촌 라반을 두려워해서 도망갔던 사람이었다. 그는 자기가 원하는 것을 소유하기 위해서 속이고 사기 치는 사람이었고 어머니의 힘까지 이용하는 사람이었다.

그리고 자신이 원하는 것을 위해 수단과 방법을 가리지 않았다. 문제가 해결되기 어려울 것 같으면 도망을 치는 사람이었다. 한마디로 하나님을 믿는 믿음이 없었다. 그랬던 그가 전능하신 하나님을 고백하고 그분의 뜻에 모든 것을 맡긴다.

도둑질했다는 누명을 쓰고 애굽에 붙잡혀 있는 시므온과 베냐민까지 애굽으로 데려가는 상황이 되었다. 이런 상황에서 야곱은 고백한다.

> 네 아우도 데리고 떠나 다시 그 사람에게로 가라 전능하신 하나님께서 그 사람 앞에서 너희에게 은혜를 베푸사 그 사람으로 너희 다른 형제와 베냐민을 돌려보내게 하시기를 원하노라 내가 자식을 잃게 되면 잃으리로다(창 43:13~14).

하나님께서 해결해주실 것이라는 믿음의 고백을 하는 야곱은 이전의 야곱이 아닌 이스라엘이 되었다. 뿐만 아니라 그는 합력하여 선을 이루시는 하나님을 믿었다. 만약 하나님께서 자식들을 돌려보내주시지 않아도 하나님의 뜻이라고 여기겠다는 것이다.

사람들은 자신의 뜻대로 이루어주시는 하나님을 고백한다. 그리고 자신의 뜻대로 이루어지지 않으면 실망하여 하나님을 원망한다. 그것은 하나님을 믿는 것이 아니라 이용하고 있는 것이다.

왜 사람은 자신의 머리를 의지하고 자신의 능력으로 문제를 해결하려고 하는가? 왜 어렵고 힘든 문제가 생기면 두렵고 답답한가? 왜 다른 사람의 힘을 빌려서 문제를 해결하려고 하는가?

전능하신 하나님을 믿지 못하기 때문이고, 하나님께서 해결해주신다는 믿음이 없기 때문이다. 그러나 그러한 당신도 하나님으로 인해 당당하고 두려움 없는 사람이 될 수가 있다. 하나님께서 당신을 그러한 사람으로 지금 훈련시키시기 때문이다.

땅의 것이 아닌 하늘의 것을 추구하는 자가 되었다

야곱은 노예로 팔려와 애굽의 국무총리가 된 자신의 아들 요셉이 대단히 자랑스러웠다. 요셉은 애굽에서 바로 다음 서열이었고 많은 부를 소유하고 있었다.

그러나 야곱은 자신의 아들에게 하나님께서 조상의 땅으로 돌아가게 하실 것이라고 말하고 있다. 다시 말하면 반드시 고향으로 돌아가야 한다는 것이다. 이것은 자신의 고향이기 때문이 아니라 하나님의 뜻이 조상의 땅에 있기에 돌아가야 한다는 것이다.

이스라엘이 요셉에게 또 이르되 나는 죽으나 하나님이 너희와 함께 계시사 너희를 인도하여 너희 조상의 땅으로 돌아가게 하시려니와(창 48:21).

야곱은 벧엘로 돌아가야 하는데도 숙곳에 집을 짓고 정착하려 했다. 땅도 사고 그곳에 하나님께 단을 쌓고 예배를 드렸다.

그러한 야곱은 이제 눈에 보이는 명예와 부에 집착하지 않고 눈에 보이지 않는 하나님의 뜻을 구하는 사람으로 변화되었다. 자기 자신도 죽은 뒤에 애굽이 아닌 조상의 땅에 묻히기를 원했고 그것을 요셉에게 부탁한다.

눈에 보이는 즐거움과 행복을 위해 하나님의 뜻이 있는 땅으로 돌아가지 못하는 당신도, 언젠가 세상의 좋은 것들을 다 내려놓고 하나님 뜻을 따라 떠나는 날이 올 것이다. 왜냐하면 하나님은 지금도 당신을 인도하고 계시기 때문이다.

다른 사람에게 축복을 나누어주는 자가 되었다

야곱은 형 에서를 속여서 장자의 권리와 아버지의 축복을 가로챈 사람이었다. 그는 외삼촌 라반의 집에서 많은 재산을 모았고 그것을 잃어버리지 않기 위해 도망쳤다. 자기의 것을 지키기 위해 노력했다.

그는 한마디로 나누는 자가 아니라 빼앗는 자였다. 자기 자신밖에 몰랐고, 자신의 이익을 위해서라면 얼마든지 다른 사람의 손해도 불사하는 사람이었다. 그런 그가 이제 다른 사람을 축복하는 사람으로 변화되었다. 처음 만난 애굽의 바로를 축복하고 자신의 후손들을 축복한다. 이것은 야곱의 삶에 대단한 변화이다.

하나님이 축복을 나누는 이스라엘로 야곱을 바꿔주신 것처럼 당신도 다른 사람들에게 복을 나누는 사람으로 변화시켜주실 것이다. 아브라함은 자식도 없는 75세의 노인이었고 떠돌며 유목하는 유목민이었지만, 온 세상을 축복하는 축복의 통로가 되었다.

지금 당신이 가난하고 어렵고 힘들어서 남에게 도움을 받아야 되는 상황일지도 모른다. 그런 당신을 하나님께서는 다른 사람에게 나누고 베푸는 인생으로 만들어주실 것이다.

나는 중·고등학교 시절에 등록금도 제대로 낼 수가 없어 다른 사람의 도움을 받아야 하는 형편이었다. 더욱이 방황하는 청소년이었기에 주변 사람들이 걱정을 많이 했다. 아버지는 아프셔서 누워계셨기 때문에 어머니 혼자 시장에서 포장마차 일을 하셨다.

이런 환경에서 자란 내가 남을 돕는 사람이 되리라고 누가 상상이나 했겠는가? 나도 상상하지 못하던 일이다. 그러나 하나님을 만나고 이제는 다른 사람을 도울 수 있게 되었다.

가수 김장훈 씨는 청소년 시절(경기도 일산이 신도시로 개발되기 전)에 한 달에 8만 원 하는 판잣집에서 살았다고 한다. 그런 그가 이제는 50억 원 이상을 기부하며 다른 사람들을 돕고 복을 나눠주는 것을 볼 수 있다.

그는 얼마 전에 일산의 한 공연장에서 자신이 공연하는 장소가 예전에 살던 판잣집 터라고 말했다. 판잣집에서 어렵게 살던 그 소년이 많은 사람들에게 감동을 주는 가수가 되리라고 누가 예상했겠는가?

한 청년은 지금 아프리카에서 우물을 파주는 사역을 하고 있다. 그는 청소년 시절에 부모의 마음을 힘들게 하는, 방황하는 청소년이었다. 그러나 그는 이제 아프리카의 영혼을 돌보는 축복의 사람이 되었다. 다른 사람들이 전혀 예상하지 못했던 일이다.

다른 사람이 전혀 예상하지 못하고 자신도 기대하지 못한 일을 하나님께서는 당신 삶에 행하고 계신다. 변화되기까지 많은 시간과 과정이 필요했던 야곱이지만 하나님께서는 포기하지 않으시고 그를 이스라엘로 바꿔놓으셨다.

야곱을 바꾸신 하나님을 믿고 신뢰하면서 하루하루를 살면 분명 당신의 인생도 바뀌는 역사가 일어날 것이다.

야곱의 하나님을 자기의 도움으로 삼으며 여호와 자기 하나님에게 자기의 소망을 두는 자는 복이 있도다(시 146:5).

더 깊은 묵상을 위하여

1 당신 주변에 하나님을 믿고 변화된 사람이 있는가? 그들은 어떻게 변화되었는가?

2 당신은 변화되어야 한다는 것에 동의하는가? 그럼 어떻게 변화되기를 원하는가?

3 당신은 지금 변화를 위해 어떠한 노력을 하고 있는가?

4 지금까지 당신의 인생에 있어 가장 크게 변화된 성품은 무엇인가?

5 당신이 성경에서 가장 닮고 싶은 인물은 누구인가? 왜 그를 닮고 싶은가?